Kære Læser,

Jeg håber,
du finder
glæde og
inspiration
i min bog

kh. Ilse

親愛的讀者，
希望您能從我的書中找到喜悅和啟發。
祝您一切安好，

——Ilse

肯定自己的獨特，感受更多、想像更多、創造更多

高敏感是種天賦

｜暢銷經典版

Highly Sensitive People In An Insensitive World

伊麗絲・桑德 Ilse Sand／著

呂盈璇／譯

suncolor 三采文化

高敏感族自我檢測量表

檢測
你的敏感程度

你知道自己有多敏感嗎？
以下A、B兩組共48道題目，請依據你的個人感受程度，逐題回答填入分數。

0分：完全不符合　1分：幾乎不符合　2分：有一點符合
3分：幾乎符合　4分：完全符合

A組問題

① 聽到優美的音樂，會覺得興奮。 □

② 每天會花許多心力預測各種可能的失敗，並準備因應對策。 □

③ 善於察覺新的可能性或選擇。 □

④ 靈感源源不絕，常想出許多好點子。 □

⑤ 明瞭世界上存在著許多不是耳聽或眼見為憑的事物。 □

⑥ 對痛覺特別敏感。 □

⑦ 他人眼裡微不足道的小事卻讓你深受打擊。 □

⑧ 每天都需要時間獨處。 □

⑨ 獨處再久都不覺得累，但跟人相處不到兩三個小時就不行了。 □

⑩ 一發現氣氛變僵，就想逃離現場。 □

⑪ 就算旁人發怒的對象不是自己，同樣倍感壓力。 □

⑫ 對他人的傷痛彷彿深入神經般地感同身受。 □

⑬ 想盡一切辦法避開令人不快的錯愕或誤解。 □

⑭ 充滿創意。 □

⑮ 欣賞藝術作品，時常深受感動。 □

⑯ 面對大量資訊或刺激時容易焦慮。（例如：上網找資料時被搭話的話就覺得很煩。） □

⑰ 不喜歡到遊樂園、大型購物中心、體育館等熱鬧擁擠的地方。 □

⑱ 看到電視上的暴力畫面，情緒會被影響好幾天。 □

⑲ 比一般人更願意花時間在思考上。 □

⑳ 善於觀察動植物的各種細小變化。 □

㉑ 在大自然的包圍下，心情特別舒暢。 □

㉒ 隨時開啟接收的天線，善於觀察旁人的情緒。

㉓ 做出違背本心的決定時會很愧疚，充滿罪惡感。

㉔ 工作時，若有人盯著你看會渾身不自在。

㉕ 善於看透事物真相，擁有察覺事實的能力。

㉖ 容易受到驚嚇。

㉗ 善於與人深入交流。

㉘ 他人聽來覺得還好的聲音，你聽起來卻覺得特別刺耳。

㉙ 直覺很強。

㉚ 很享受獨處。

㉛ 極少衝動行事，習慣深思熟慮後再行動。

㉜ 對於噪音、強烈的氣味、強光感到困擾。

㉝ 常需要到安靜的空間稍微喘口氣。

㉞ 感到飢餓或寒冷時，餓跟冷的感受會一直在腦中揮之不去。

㉟ 很容易感動落淚。

A 組問題

合計　　分

B組問題

㊱ 即使無法事先準備，也樂於接受新挑戰。 □

㊲ 當事情順著計畫走時，心裡會特別得意。 □

㊳ 對社交場合樂此不疲。（不需要中途離席透氣，也不介意從早待到晚） □

㊴ 喜愛生存體驗營。 □

㊵ 享受在壓力中工作。 □

㊶ 覺得人生會不如意，問題大多出在當事人自己身上。 □

㊷ 不太會受外界影響，隨時都能保持活力。 □

㊸ 參加聚會總是最後離開的那一個。 □

㊹ 甚少杞人憂天，凡事都能沉著以對。 □

㊺ 週末喜歡跟朋友聚會，不需要刻意離席喘口氣。 □

㊻ 喜愛朋友的突然到訪。 □

㊼ 不太重視睡眠長度，睡一下就飽。 □

㊽ 喜歡放煙火跟鞭炮。 □

B 組問題

合計
分

如何計算敏感指數

將 A 組得分減去 B 組得分後，即可得到你的敏感度指數。

A 組問題		B 組問題		HSP 高敏感指數
合計　　分	－	合計　　分	＝	分

【例】

A 組問題（1 ～ 35 題）全都回答 1 分時，總數就有 35 分；

B 組問題（36 ～ 48）皆回答 2 分時，總數為 26 分。

35（A 組問題）**－ 26**（B 組問題）**= 9**

代表你的敏感度指數為 9 分。

60 分以上，表示你可能是高敏感族。

估算出來的數值應該會落在 -52 ～ 140 分之間，得分越高表示越敏感。

請注意！以上自我檢測量表並不適用於所有人，測驗結果並無法顯示受測者完整的性格。受測當天的心情也會影響到結果，請務必將各種面向列入考量。本項檢測僅是幫助你了解自己可能有多敏感的一項參考工具。

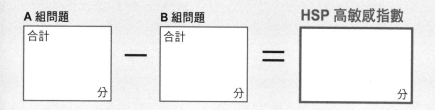

目錄

第1章　遲鈍世界裡的「高敏感族」

第2章

「高敏感族」常有的心理問題與解決之道

第3章 向外溝通：與「遲鈍的人」好好相處

第4章 面對自己：與「敏感的自己」好好相處

暢銷經典版．導讀

敏感從來不是錯誤

諮商心理師 蘇絢慧

這世界上有不少性格纖細、敏感的人。我也是其一。據統計，全球高敏感性的人大約占人口的百分之十五至二十，其特徵是在生物學上對周圍環境的細微變化更加敏感，會在情緒、社交、心理或物理上展現出更強烈的反應。

在我的成長過程中，數不清、記不清到底有多少次被周圍的人，不論是親人、朋友、同學、同事或是主管，甚至不知何方來的網路民眾說：「你太敏感了！不要那麼敏感！」對他們而言，這似乎是一句「帶有關懷」的規勸，但同時可能伴隨著他們也無察覺地「貶抑」和「負面評價」在其中。在過往，我會很快地感覺到「我錯了」、「我是麻煩」、「我帶給別人困擾了」等等的自我批判，這些念頭和感受，著實讓我又陷入更下一層的內心地獄，覺得自己生錯了個性，也苦惱著自己為什麼要那麼敏感，讓人批評？

所幸，三十歲之後，我就讀心理與諮商研究所，轉職擔任諮商心理師，我的天地與視野有非常劇烈的變化，我的高敏感帶給我某種天賦，讓我可以聽見人們表面話語裡的更深層感受，除此之外，我的細膩與高度理解的特質對我的心理諮商工作帶來非常重要的助力。有別於過去，我開始感謝我的特質，也以我的特質開展我的專業發展，並且對社會的脈動、人們的心理需求，多了更敏銳的觀察與體會，並創作出一本本心理療癒相關的著作。常有讀者回饋我，我將他們說不出的心情、講不清楚的遭遇說出來、寫出來了，像這樣的回饋，我相信也是我的高敏感特質帶給我的好處。

高敏感在各行各業都可以有其獲得卓越成長的機會，誠如本書作者伊麗絲・桑德所言：「纖細或高度敏感並不一定只會帶給你限制，它也能為你開啟新的可能性。」然而，一旦你放棄成為真實的自己，企圖想要在某種僵化而缺乏多元的社會環境中，追求被強調不要想太多、快速且粗糙的文化所認同，那麼你會非常痛苦，淪陷在不停的自我懷疑、自我苛疚中，無法坦然地接納自己，那麼就更談不上將你的特質勇敢發揮，以各種嘗試的機會去為自己找到高敏感特質最適合的那條路、那個位置、那個環境與那個生態。

伊麗絲·桑德所寫的《高敏感是種天賦》系列在全球皆是暢銷書籍，也為無數曾為自己高敏感特質感到苦惱及自我懷疑的讀者改變他們的觀念、認知及對自己的概念，可說是高敏感族群的救贖之書。事實上，當你好好閱讀這兩本書，就會不斷地發現高敏感的優勢與可貴之處，例如：高敏感人都有豐富的內在，且也有高超與人連結的能力，同時在某些旁人很難察覺有什麼問題的地方，高敏感人都能很快察覺。若能減少習慣性地否定自己與質疑自己，高敏感人可以不用那麼內耗，便有機會在自己的一片天中，發光發熱地綻放自己，做自己生命的溫暖太陽。

暢銷經典版・推薦序

希望我能早點學到的三個啟發

閱讀前哨站站長 瓦基

高敏感指的是擁有敏銳的感知能力的人。他們通常擁有豐富的幻想力和創造力，並能夠把所見所聞轉化為深刻的內心體驗。然而，他們也容易受到過度刺激，感到焦慮和壓力。高敏感就像一把雙面刃，如同作者提到：「雖然對刺激容易有劇烈反應，但高敏感族體會到的幸福感也比一般人更多。」我們要學習的，不是壓抑自己的高敏感特質，而是懂得跟它共處，在最適合的時機和情境之下，發揮它應有的優勢。

①停止繼續努力

書中第一個讓我很有收穫的觀點是，接受高敏感是一種與生俱來的特質，不要勉強自己去改變，而是停止繼續努力。**停止想要逃離或改變這種特質的努力**。

書中提到，高敏感族能感受到事物細微的重點，接收到的資訊會一路直達內心深處。他們擁有豐富的幻想力，並具備把事物描繪得栩栩如生的想像力，還會天馬行空地進行各種創作。因為大腦轉速過快，所以腦中的「記憶體」空間比一般人的更快滿，更容易受到過度刺激。

就像是在很多人的場合，高敏感的人可能懂得察言觀色，能感受到很多人際溝通上的細節；同一時間，也因為不斷接收大量的外界刺激，反而會超過了自己的腦容量負荷，特別是在有很多陌生人在場的時候。

我自己的親身感受就很明顯，在那種人很多的社交場合，雖然可以撐個一兩個小時跟別人交談甚歡，可是我很快就會感覺到疲憊。如果這個時候我還強迫自己繼續撐著，硬是要表現得很有活力，之後那種精疲力竭的感覺就會更明顯。

這也是作者要提醒我們的，接受這就是自己與生俱來的特質。如果覺得累了，告訴別人自己需要休息一下，不要不好意思。如果覺得活動已經很盡興了，不想跟別人去「續攤」，就鼓起勇氣拒絕，不要不好意思。不要覺得自己「不合群」，而是「**停止繼續努力，允許自己維持你本來的樣子**」。

我很喜歡作者的鼓勵：「**停止努力成為眾人期待的那個『好』的自己，只要真誠以對，肯定有更多能為人生帶來喜悅的新體驗正等著你**。你會體驗到過往人際關係中從未經驗的，你會知道原來就算別人看到你不完美，也一樣會喜歡你。」

②降低標準能減少自我批判

書中指出，高敏感的人容易對自己的高標準感到壓力，因此陷入自我批判的惡性循環。《我，刀槍不入》也有這樣一句話：「我們都是自己最糟糕的酸民和懷疑者。」我自己剛好就是高敏感而且自我要求很高的人，這句話描述的現象，真的一直出現在我的生活當中。每次某件事情做得不夠好的時候，都會有個聲音想要跳出來罵自己。但我覺得自己比較幸運的是，我可以把那些內心對自己的酸言酸語不當一回事，我選擇「不相信」那些念頭。

作者提供我們另外一種解決方法，那就是「降低標準」。我們可以練習以毒攻毒，持續反覆打破自己訂下的原則。原本你很擔心自己打破規則、降低標準就不完美了。但事實上，就算不完美，大部分的人也還是喜歡你。當你越來越放鬆，就更能積極地與人接觸。就像是我要去社交活動時，原本心中的完美是希望自己跟「每個人」都聊得來，但是這樣壓力很大，所以降低標準，只要自己和「少數幾個人」聊得愉快就可以了，這樣反而能更輕鬆地享受聚會。

或者像我寫讀書心得，以前我會要求自己把作者的重點「全部」提到。如果沒做到，就會覺得心裡有疙瘩。但是降低標準，就是說服自己只需要挑選「其中幾個」真的有共鳴的地方去寫，其他無感的地方，捨棄掉也沒關係。因為沒有人會幫我評分寫得好不好，但我內心知道自己寫得開不開心。

③透過冷卻來處理憤怒的情緒

我一直覺得自己是個不太會表達憤怒情緒的人。我以前沒有分析過背後原因，但是透過這本書，我發現一些讓我很有收穫的觀點。

作者提到高敏感族不太會跟別人爭吵，因為在高敏感族想要對別人生氣的時候，他們不只感受到自己內心的憤怒，他們連對方的情緒都感受到了！也因為太有同理心，如果知道對方是因為自己而受傷，就無法對別人受到的苦痛坐視不管，最後就是傷了自己。

根據作者諮商的經驗，她發現：「**有些人覺得吵到最後，發現重點早已經不在爭吵的內容，他們不想淪於人身攻擊。高敏感族的人心思敏銳，總是考慮著各種可能性，再加上無法與自己的價值觀妥協，會吵輸那種短時間內發生的爭吵也很正常。**」

這個觀察真是說到我心坎裡，不太會發怒，是因為同理心而害怕傷了別人；不太想爭吵，是因為內心同時在反省、思考其他的可能性，而感到猶豫。作者認為這種懂得敏銳觀察和思考的特質並不是壞事，反而要懂得運用。例如，如果發現跟對方的爭吵即將越演越烈，可以先約好下次討論的時間，不用當下分出高下。作者給很多高敏感情侶或夫妻的建議是：「只要能暫時從爭吵中逃脫，你就會開始進行自我內在的對話，對自己跟另一半表達情感時必須把心靜下來。」對於高敏感族而言，捲入紛爭本來就不是明智之舉，適度地冷卻更能發揮自己的優勢。

《高敏感是種天賦》帶給我最大的收穫是：**高敏感不是缺陷，而是一種天賦**。透過理解和接納自己，高敏感族可以將這種特質轉化為強大的優勢。我們每個人都應該學會欣賞這種細膩的特質，並尊重和珍惜身邊的高敏感族。

不管對高敏感族或是其他敏感纖細的人來說都一樣，敏感不是我們的錯，正是因為敏感才讓我們的人格更加豐富。作者鼓勵我們：「**既然擁有獨特的特質，那就要把握享受敏感特質的機會**。」高敏感族雖然在某些地方比他人優秀，但面臨的困難很多也是事實。敏感氣質不是靠治療就能改變，身為高敏感族的我們必須適度地休息，我們也必須比一般人更需要好好地關愛自己。

推薦序①

給總是覺得「是不是自己不好」的你

科普心理作家 海苔熊

實在是太精采了！相較於其他同樣講「高敏感族」的書，更進一步地提出了更多實際的操作應對方式。

我很認同作者所說「一百個高敏感族就有一百個不同人格特質」的說法，因為這樣，我認為，這本書不應該是只推薦給高敏感的人，同時也適合推薦給下面幾種人（儘管這些人不一定是高敏感族）：

1 高標準的人

2 自尊很低的人

3無法拒絕別人的人
4總是感覺到罪惡感的人
5害怕生氣就會失去關係的人

§高標準的弔詭

整本書當中，我覺得對我來說，最受用的是第95頁的「高標準和值得被愛」的謬誤。

設定高標準其實是一個很弔詭的狀況——假設你設定了高標準，希望自己能夠達到那些標準，而且你也真的達到了，而且其他人也喜歡你，那麼你就會下次更努力地做這件事情——但是你就會「越」覺得是因為自己很努力，別人才喜歡自己的，完全沒有機會去驗證「如果不努力，會不會有人喜歡不努力的我」的假設，而且這樣的努力只有兩種效果：

1利用你的人繼續把你當工具人，過得爽歪歪（那些人覺得——開心）。

2可是那些愛你、接受你原本樣子的人，根本就不需要過分努力的你。

整個讓我恍然大悟啊（我在餐桌前面像阿基米德一樣跳起來）！原來我總是覺得自己「不夠」，很怕自己「沒做事就沒有價值」，所以拚了老命一直做，但這樣反而讓我陷入了「無限努力，卻仍然覺得自己不夠好」的迴圈當中。

§接受「有一好，沒兩好」的勇氣

另外一個我很喜歡的概念是第107頁的「存在的增值稅」。當我們選擇了一件事情，而有可能會因此產生心理上的不愉快或者是罪惡感的時候，真正要面對的並不是外在世界如何去和別人修復關係，而是心裡面那個不舒服的感覺，這個感覺就是我們做出「順從自己心意的決定」的副作用。

相反地，表面上看起來是維繫了人際的和諧，實際上是把自己的需求壓扁，內心也有另外一種苦和糾結。

這世界本來就是有一好，沒兩好，重要的不是「怎樣能兩全其美」，而是你願不願意為了你自己，捨棄那些對你來說根本不重要的人的評價（甚至有些時候「那些人」根本只存在你的想像中）？

§ 居家旅行必備良藥

整體來說，我覺得這是一本結合心理學與治療的優良讀物，很值得買一本在家裡面放著。如果你總是被說想太多、太敏感，總是覺得和別人格格不入，心理有很多的不足，那麼這本書會告訴你：事情不是你想的那樣，你有別人所沒有的，珍貴寶藏！

推薦序②

一本讓你由腦至心完成療癒的佳作

家庭醫學科主治醫師 劉晏孜

門診裡，每天都會看到形形色色的人。有一些人，總可以具體表達不適，積極完成治療，而後便不怎麼會再見到他，直到他下一次不適前；但有一類的人，總是時常出現，每次都帶來種種關於難受症狀的描述，但怎麼都查不出病徵，於是流轉在各個門診之間，通常醫師會在病歷中標注：焦慮特質。

一直以來，在我的家醫科門診裡，我並不喜歡使用這類醫學術語來將患者分類，因為沒有人喜歡焦慮；焦慮是一個人呈現出來的外在狀態，是一個「果」，我們通常使用這個果來解釋此人的生理病徵，但常忽略了去找出造成這個果的

「因」。這類的人總會被醫師告知：「你沒事，你只是想太多，放輕鬆就好了。」彷彿他的敏感，是一種需要被矯正的錯誤，而使之更為氣餒。如果你也曾被這樣的說法套用過，不妨看看這本書，覺察自己是否就屬於高敏感者。

丹麥心理治療師伊麗絲・桑德（Ilse Sand）在這本書中，最讓我印象深刻的在於她書寫高敏感者（HSP）時溫柔的筆觸和充滿理解的語句，她的文字會讓你奇妙地感受到：原來這個世界上是有人懂我的！就像是文中提到的：「享受自己獨有的能力，真正地做自己」，當我們真真切切地心領神會這句話時，帶來的力量是很強大的。

而這本書不僅僅停留在理解的階段，她也明確點出那些高敏感者容易拿來困擾自己、折磨自己的各種心魔，並給予堅定且實際的解決之道。就如同作者所說的：「人類很容易把自己置入某個特定類型。擺脫該類型的束縛，才有機會再成長」，從自我覺察、自我接納、再到自我成長，這本書讓我們由腦至心完成療癒。除了讓讀者了解高敏感者該如何與自己好好相處之外，作者也為高敏感者該如何面對伴侶關係，以及如何教養下一代，提出了許多中肯且適宜的建議。

在閱讀〈高敏感者能力〉此篇時，作者描述高敏感者能夠緩慢、深入且多元地思考，這就是為什麼許多藝術家都屬於高敏感一族。這也讓我腦中出現我很喜歡的俄國作曲家柴可夫斯基，很多人都知道，他極為敏感多愁，是這份敏感造就他成為浪漫派大師，但也因為這份敏感，讓他的靈魂飽受憂鬱症的煎熬。我就在想，若是他看了這本書，習得了其中一些解決之道，是否就能活得不那麼辛苦呢？若是你也正因為自己的多感，處在不安適的漩渦中，那誠摯推薦你閱讀本書。

作者序

請接受自己獨有的纖細，重拾自信，做自己！

這本《高敏感是種天賦》是我特別為了「高敏感族」及心思比較細膩的人們所寫的。如果你的家人是高敏感族，身邊有心思細膩的部屬或同事，或你本人就是為高敏感族提供診療和諮商的醫師、諮詢師，我非常鼓勵你一起來讀這本書。

身為一個高敏感族，多年來我以牧師、心理治療師的身分，實際與眾多高敏感族不斷地往來接觸。在接觸過程中讓我明白一件事，那就是「理解高敏感族的特質」對高度敏感者的意義有多麼重大。在我為高敏感族開設的課程及講座中，我發現讓高敏感族相互交流獲得的知識對他們大有助益。

我見證了許多高敏感族終於接受自己獨有的纖細敏感，重拾自信，鼓起勇氣好好做自己。因此，我衷心盼望這本書能為高敏感族的你帶來勇氣。

本書詳細列出高敏感族的特徵與傾向。但即使統稱為「高敏感族」，實際上每個人的個性都不一樣。書裡寫的部分內容可能符合你的狀況，有些則不一定。閱讀過程中若覺得某些章節太偏理論，或是認為其描述的狀況與你本人不符，也請不要勉強自己完全認同內容。

本書一開頭就為各位準備了我設計的「自我檢測量表」，而書末則與讀者分享了小祕訣，希望幫助高敏感族增加生活中的幸福及喜悅，學習自我鼓勵，重燃對事物的熱情，還有當接收過多外界刺激時穩定心緒的訣竅。

我想強調，**「纖細」或「過度敏感」不一定只會為你帶來限制，它也能為你開啟新的可能性**。

只是，過去很長一段時間，我都只看得見限制那一面。

過往，我在教課時都會先跟學員說明「我是個很需要集中精神休息的人。所以中場下課時間，請讓我好好休息安靜一下。」但我心裡其實會責怪自己的耐力不夠，老是對學員感到很抱歉。但事實上學員們非常尊重我的需求，甚至在下課後還有人特地過來跟我說：「我跟妳的狀況一樣！我好開心妳願意說出來！」

後來我才發現，身為高敏感族也不盡然都是壞處，優點還是很多的。例如，我總是有用不完的創意，也從來不缺課程的靈感或點子。我想，應該有很多人是因為這樣，才會來上我的課或聽我演講。

敏感者普遍自我評價偏低，是因為他們自小成長在一個與原本個性迴異的文化——活潑外向才會被讚賞的偏見裡。不少高敏感者終其一生都在努力迎合旁人對自己的期待，假裝自己個性很活潑很外向，直到退休後才終於能按照自己的步調，回歸安靜的本性。

各位在兒時是否曾被人這麼說過：「堅強一點，不要想太多，就學著去喜歡大家都喜歡的東西啊！」若有，代表你從小就被逼著去扮演一個不是自己的角色。對心思細膩的人來說，當然沒辦法愛那個不是自己的自己啊！說不定還得為了回應周遭人的期待，澈底隱藏真實的自己，變身成另外一個樣子哩！如果各位曾有這樣的經驗，你必須學會**從「真正的自己」中找出屬於你的價值**。

首先第一步，**就是學會以「質」而不以「量」來評價自己**。高敏感族總是謀定而後動，做事非常重視品質，即使產量比一般人少也沒關係。記得，量不用多，質精就好。過去我老覺得自己表現不如別人很丟臉。但其實我應該專注在自己的天分，而不是拘泥在那些自己辦不到的事情上。

你一定也有過只在意自己辦不到的事的經驗吧。偏偏人就是習慣性地只挑那些自己做不到的事來看。舉例來說，假設你是一個無法長時間處於「開機」狀態的人，第一個察覺到這點的人絕對是你自己，接下來才是身邊的人。當你要從聚會上離開時大概常會聽到有人驚訝地說：「什麼！你要走了？」人們只會注意到「你要離開」，卻不曾去留意一個敏感者僅僅停留短暫時間所感受到的充實感，事實上跟一個外向者待在聚會上一整晚的充實感相去不遠。

我寫這本書就是希望能引領高敏感族跟心思細膩的人們多把注意力投注在自己的優點跟可能性上，並成為他們堅強的後盾。

心理學家卡爾・榮格[1]曾說：「敏感，能豐富一個人的人格特質。（中略）當敏感者深陷困難且不熟悉的情境，會突然被體內某種機制干擾他們原有的沉著思慮，這經常讓本來的優點變成很大的缺點。把過度敏感者的人格特質視為疾病的成因，其實犯了極大的謬誤。若敏感視同疾病，那全世界四分之一的人口大概都有病。」

伊麗絲・桑德

①卡爾・榮格（Carl Gustav Jung 1875-1961），瑞士心理學家、精神科醫師，分析心理學的鼻祖。

第1章

遲鈍世界裡的「高敏感族」

五人當中就有一人的高敏感族

全世界每五個人當中就有一個人是高敏感族。

高敏感族絕不是一種病。這個概念是由美國精神分析專家伊蓮・艾融博士在一九九六年所提出。正如人類有男性與女性兩種性別，艾融博士只把人區分為「高度敏感型（HSP）」跟「積極進取型（TOUGH）」兩種。這個分類不僅適用於人類，亦適用於其他高等動物。但我認為，人格特質的分類，實際上又比性別概念的差異更加複雜。

§高敏感族經常遭受不當的低度評價

「高度敏感」這個名詞，從過去到現在都曾被污名化貼上各種標籤，例如「被壓抑的」、「愛操心」、「靦腆害羞」、「神經質」，更惡劣的形容字眼還有我小時候聽過的「這孩子神經有問題」。

現代社會大多認定活潑外向、積極進取的人「比較健全、也比較有價值」，而較不欣賞高敏感族典型的「低調內斂、深思熟慮」。的確，積極的人精力旺盛，容易獲得機會也是不爭的事實。

這種思維模式同樣深植在心理學的世界。心理學中人的性格分析有五因素模型①，分別是：「神經質」、「外向性」、「經驗開放性」以及「勤勉審慎性」、「友善性」。

①五因素模型：The Five-Factor Model，簡稱 FFM，亦被稱為五大性格模型（Big Five Personality Traits）。現代心理學描述人類心理特質五個向度上的差異，而這些特質構成了人的主要性格。

人們經常以下列文字來描述外向性：「溫暖」、「渴望與人交流」、「控制支配」、「有活力」、「追求刺激」、「正向的情感」。

我想定義出這種人格特質分析的，恐怕是個外向的人吧。這項性格分析指標其實忽略了內向或敏感者普遍擁有的優點——「豐富的內在世界」與「對事物極具思考能力」。有百分之三十的高敏感族是外向者，但他們有許多特徵與內向者一致。

每個人的人格特質，在不同時代或文化背景下如何被描述及評價，都會為人們帶來重大的影響。身處於現代的社會偏見，也不難想見為何大多數內向或敏感者會為自尊心低落所苦了。而艾融博士為世人闡述了敏感特質的全新定義，我也想藉此機會向她致謝。

根據艾融博士的說法，**高敏感族不只比一般人容易感到驚恐，他們也比一般人更敏銳地感受到喜悅，他們是天生擁有特殊才能的一個族群。或許，從現在起，他們會發現自己過往從未察覺的新氣質。**

§良好的環境，最能讓高敏感族發揮能力

但我要說的是「高度敏感」並非新發現的特質，我們只是把它跟過往的「內向」區隔出來，獨立成一個名稱。艾融博士也說：「在發現高達百分之三十的高敏感族具社交性的事實之前，外界總是把『內向』與『高度敏感』畫上等號」。

高敏感特質就像我先前提過的，常以「被壓抑的」、「愛操心」、「靦腆害羞」、「神經質」這類形容詞一筆帶過。但上述形容詞講的不過是這些高敏感族，在不熟悉環境中未得到充分支援時，也就是在不安的狀況下，比一般人所表現出來的更強特徵罷了。

艾融博士形容，高敏感族是融合了各種不同特徵的一群人。諸如：「有良知的」、「很有創意」、「容易獲得靈感」、「容易受他人影響」、「很有同情心」等等。儘管這些特徵可能會為人生帶來負面影響，但這些特徵同時也是成就創造力、同理心與親密感的來源。人們經常會忽略一個事實——在安定環境中，高敏感族較一般人更容易感覺到幸福。

這個說法是有根據的。研究結果佐證了高敏感族在不安的環境下很容易遭遇困難；但在合適的環境下，他們比非敏感族更能享受當下。

曾有研究發現，在困難的環境下較一般孩子反應更為激烈②的孩子（意指感受性較敏銳），若在充滿壓力的環境中成長，他們會比一般孩子容易生病，也較容易遭遇意外事故。但相對地，若這些孩子成長在普通環境，他們會比一般孩子更不容易生病，也極少遭遇意外事故。（Boyce 等，一九九五年）其人口比例可能會根據研究特質的地區而有所不同。艾融博士一九九〇年代首次在北美調查，發現有百分之十五至二十的人具有高敏感特質。二〇一八年，她與其他研究人員發表新研究數字，顯示高敏感族占了百分之三一。

艾融博士為高敏感族成年人進行腦部電腦斷層掃描，並研究大腦面對刺激時的反應（這個研究結果曾於二〇一四年國際科學雜誌《Brain and Behavior》公開發表）。研究進行方式是把看起來很高興的人的臉部照片，跟看起來很悲傷的人的臉部照片給十八名受測者看，並同步進行電腦斷層掃描。結果發現，高敏感族大腦中負責掌管同理心的鏡像神經元[3]，活化程度較其他受測者要來得高。相較於他人，高敏感族對正面或負面情感都非常容易受到影響。實驗中不僅有陌生人的照片，也有受測者配偶的照片，而高敏感族看到配偶面帶笑容的照片時反應最大。

由於 fMRI 功能性磁振造影的檢查費用非常昂貴，艾融博士的實驗只能測試十八位。但儘管受測者人數不多，我仍確信這項實驗的結果說明了一項非常重要的事實——實驗的結果與我自己觀察到的高敏感族特徵相當一致。

我對其中一項研究結果——高敏感族的大腦看到配偶很開心時的反應最大這點，感到非常欣慰。因為它推翻了「高敏感族只會在危險或不熟悉的環境下，表現出與旁人截然不同的激烈反應」的論點。如同艾融博士的研究也強調了高敏感族不光受到負面刺激有反應，他們對正向體驗也同樣表現出強烈的反應。

---

② 這是根據心跳次數與免疫反應判斷的結果。

③ 鏡像神經元（mirror neuron）：一種特定的大腦系統的反應機制。它會把其他個體的情感、舉動彷彿直接「鏡像」投射到自己的情感裡。

那麼，是不是真的每五個人中就有一個高敏感族呢？根據美國心理學家傑洛姆．凱根的研究，每五百名嬰兒中約有五分之一會出現比其他嬰兒更強烈的反應。但我們是否就能斷言，這就是每五個人中就有一個人是高敏感族的證據？想當然耳，事情可沒這麼單純。原因在於，凱根教授選擇的受測者大多是接受過高等教育中產階級女性的寶寶。這已先行排除了懷孕期間與分娩時有問題的案例。如果凱根教授改從全美人口隨機抽出受測者來進行實驗，出現激烈反應的寶寶比例數字或許也會不同。

艾融博士版的高敏感族自我評估量表委請數千名美國人來填寫。統計結果顯示，高敏感族的比例約占百分之十五到二十。二〇一八年，她與其他研究人員進行了新研究，由近一千名心理學學生回答同一份問卷。結果顯示，這群學生可分為三種類型：高度敏感者占百分之三一，中度敏感者占百分之四十，低敏感者占百分之二九。但這些結果仍需要謹慎看待，因為這些心理學學生不是隨機樣本。若是以碼頭工人作為研究對象，我相信結果會大不相同。

更重要的是，在來自一九九〇年代與二〇一〇年代的兩份研究中，結果皆是來自回答者的自我檢測，即他們對自己的評估。

回答者的行動本身就不具任何客觀的評判基準。而他們作答時只會去判斷自己是否認同這些選項，或是否容易從選項中投射進自己的情感。再者，也沒有人會去徵詢家人或朋友是否認同回答者的判斷，這便造成了檢測結果上的差異。有些回答者會選那些「讓自己看起來比較好」的選項，但也有些回答者因為含蓄，所以選擇的答案大多偏向保守。

另外，高敏感族很容易累積心理上的負擔。他們經常會卡在「我真的符合這個選項嗎？」這樣自問自答的過程而精疲力竭，最後只想趕快結束這一切而已。

艾融博士的自我檢測是以訪問北美區域居民的內容為基準所製作的，當其他區域的人在填寫這份量表時，自然會出現不同的結果。就我的觀察，丹麥女性對高敏感族多半持正面看法，超過十二題都回答「是」的人並不在少數。

我所設計的自我檢測量表是實際與高敏感族們深談下衍生的產物。這份量表已由北歐國家許多高敏感族或心思敏銳感受力特別強的人們實際測試。

但無論如何，我設計的自我檢測量表跟艾融博士的版本一樣，它只是一份自我檢測表。未來也有可能會開發出更精確的測試，而不只是依賴自我檢測。我們可能會得到百分之一五到三一的新數據（確實有其他研究是得到這樣的結果，例如芬蘭研究員瑪哈・海納陵—古澤赫薇（Marja Heinonen-Guzejev）就發現，百分之二十至四十的人對聲音有高低不一的敏感，百分之十二至十五的人對聲音非常敏感）。

瑞士心理學家榮格（C. G. Jung）相信，每四個人中就有一人是內向者。但高度被動、對聲音敏感或內向，並不是就等同於高度敏感，只是其中有大幅重疊。高度敏感的人無疑屬於少數，否則我們就不會那麼常感覺自己異於他人了。

後來，我讓二十四個單純只是來諮詢，而不是為了診斷自己是否為高敏感族的客戶也填了量表，但他們所填寫的版本是我將艾融博士的題目加上我自創題目後的改良版。結果發現，這二十四人中約有半數並非高敏感族。我也發現一件有趣的事，正接受心理治療的族群中，高敏感族的比例較一般大眾要高，理由如下：

- 高敏感族的神經敏感纖細，比較容易因此出狀況。
- 高敏感族身處在高度讚揚外向特質的社會文化，他們的本質會被壓抑。
- 高敏感族對痛覺的忍耐度較低，卻又熱衷於探索自己的內在世界，當問題發生時，往往會在糾結點裡鑽牛角尖無法收手。

也有不少還沒意識到自己是高敏感族的人，探索內心煩惱到最後，才恍然大悟原來自己是高敏感族。

正視自己的內心，
即使是高敏感族也有值得讚許的能力。

高敏感是與生俱來的氣質

別懷疑這個事實，我們高敏感族天生擁有不同於旁人的特徵，學界後來也進行了許多佐證此一事實的研究。明尼斯達大學於一九七九年進行的同卵雙胞胎研究發現，在大部分狀況下，天性對性格的影響比教養成長環境要大得多。

美國心理學家史蒂夫・傑・索米教授的研究更進一步得到大多數幼猴竟與素未謀面的雙親性格類似的結果。在這數十年間，「遺傳」概念本身已被賦予了超乎大眾既往想像，甚至更深層的意涵。但這並不代表環境因素就不再重要。

「敏感度」究竟會成為一個人的弱點或是優點，環境與教養方式依舊是重點。但毫無疑問地，敏感度在適切的狀況下絕對可以轉為優勢。

大部分的高敏感族自新生兒時期起，就對刺激表現出強烈的反應。

曾經有個實驗測試讓嬰幼兒用吸管喝水，過程中突然改變飲水中的甜度並觀察嬰幼兒的反應。有些嬰幼兒仍安穩地繼續喝水；也有些會對甜度的改變表現出激烈的反應。調查指出，這些出現激烈反應的嬰兒在兩年後會比其他嬰兒的個性顯得更加害羞、拘謹。（LaGasse，一九八九年）

§自嬰兒期開始就表現出劇烈的反應

就像前面曾介紹過的實驗，心理學家傑洛姆·凱根以五百名四個月大的嬰兒為對象進行實驗。結果發現，面對環境變化時，每五名嬰兒中就會有一名與其他嬰兒表現出不同的反應。例如：氣球破掉、床邊突然掛上陌生顏色的安撫玩具，又或者是媽媽原本對著嬰兒微笑卻一反常態突然一句話也不說等的各種情境。五名嬰兒中的四名不疑有他，看起來依舊安穩放鬆；但另一名嬰兒卻會不安地揮動著四肢、哭鬧不休。

起初，凱根教授將這百分之二十較其他嬰兒保持高度警覺且拘謹戒慎的嬰兒稱為「行為抑制型兒」，但隨後便改稱為「高度反應型兒」。因為凱根教授認為這些嬰兒之所以表現出高度反應，是因為外界給予新的刺激時，他們內在所產生的變化跟興奮比其他嬰兒更加鮮明且強烈。

接下來，凱根教授分別在這些當初參與實驗的嬰兒成長至兩歲、四歲、七歲、十一歲時，再度召集他們。他發現這些曾在嬰兒期展現出高度反應的孩童，長大後對新的刺激反應仍舊比其他孩童更為強烈。但與嬰兒時期不同的是，即使表現出「強烈的反應」也不代表他們長大後就「不夠穩定」。因為人們內在情緒的波動與實際反映出來的外在行為，完全是兩回事。

這類孩童或許會在陌生人靠近時做出躲到母親背後的外在行為，但這些當初因為敏感而出現哭鬧反應的嬰兒成長至青少年時期時，卻也不盡然跟兒時一樣吵吵鬧鬧。他們反而比同齡孩子對人生有更深層的思考，沉穩、安靜地長成一位具內省特質的人。

兒時容易因外在變化而出現劇烈反應的人，長大後反而對人生有更深的思考。

高敏感族能力1

可同時吸收多項資訊

高敏感族是神經纖細敏感的人。

高敏感族尤其能感受到事物細微的重點，接收到的資訊會一路直達內心深處。他們擁有豐富的幻想力，並具備把事物描繪得栩栩如生的想像力，還會以自外界獲取的資訊為基礎，天馬行空地進行各種創作。因為大腦轉速過快，所以他們腦中的「記憶體」空間比一般人的更快滿，更容易受到過度刺激。

我自己的狀況是，當接收到太多資訊時，常會有那種已超過我腦容量負荷的感覺。特別是有陌生人在場的時候，大概不出三十分鐘或一小時腦容量就滿了。

我可以耐著性子繼續傾聽下去，還假裝出一副樂在其中的樣子，但這對我來說其實極度消耗體力，而且在那之後更會累得一塌糊塗。我想，這世界上沒有人喜歡被過度刺激，高敏感族尤其對刺激難以忍受，這會把他們弄得心煩意亂。所以當周遭有一堆事得同時進行時，也無怪乎高敏感族會為了擺脫過度刺激而想從當下立刻抽離。

這樣的人，想當然耳很容易讓別人心生不滿，就像以下案例中的艾瑞克一樣，為了替自己爭取一個對他而言極為重要的短暫喘息，他不但得擔心旁人對他會有諸如「太脆弱了吧」、「跩什麼跩」、「怎麼那麼不合群啊？」的評價，還得忍受旁人的目光跟指指點點。

「每當家族有大型慶生會時，我經常一個人往廁所裡躲，看看鏡子裡的自己或是用肥皂洗手做做手部按摩。但廁所門開開關關幾次後，就沒辦法再一直躲在裡面，時間這麼短實在不夠我好好喘口氣。所以有時候我會用報紙把自己藏起來，一個人坐在角落，把報紙攤開遮在臉前面，然後，閉上雙眼試圖把心靜下來。沒想到我那人來瘋的叔叔，竟悄悄靠過來，倏地把報紙從我手上抽走，還大聲地說：『哎呀呀！你竟然躲在這種地方啊。』所有人笑成一團。這對我來說，真的是很不愉快的經驗。」

艾瑞克（48歲）

不過，別以為高敏感族只對自己不喜歡的資訊容許度不高，他們對自己喜歡的資訊容許度也一樣低。再開心的聚會一旦超過自己可應付的上限，同樣也會面臨在聚會最高潮時不得不離開的狀況。

高敏感族最容易覺得被束縛的時候就是這種時刻。大多數的高敏感族都會想「如果我可以跟別人一樣，在聚會上待到最後一刻該有多好？」或他們每每聽到「這麼快就要走了？我還希望你能待久一點啊！」時，令主辦人掃興會讓他們一方面覺得歉疚，另一方面又覺得可能會錯過離開以後的那段時間而悵然若失。

也因為散會前就先行離席，還會被人說成「難相處」或「真沒禮貌」。

不過，高敏感族對刺激容易敏感，並不全然是件讓人錯過樂趣的壞事。**面對同樣一件事，高敏感族感受到的幸福感會比一般人的更大**。

當他們欣賞到精緻的藝術品，聽見悅耳的音樂、蟲鳴鳥叫，聞到花朵的清香，品嚐美味的食物，接觸到大自然等等，這些愉悅的刺激讓他們的心情飛揚起來。這全是因為刺激帶來的愉悅會滲透到高敏感族內心的最深處，讓他們滿心歡喜。

雖然對刺激容易有劇烈反應，
但高敏感族體會到的幸福感也比一般人更多。

高敏感族能力 2

能辨識聲音或氣味的細微差別

高敏感族就是會忍不住去注意噪音或氣味，以及映入眼簾的所有事物。不管他們願不願意，也不管這些資訊是否是他們自己選擇要接收的，就是會在意得不得了，導致他們心煩意亂。其他人聽起來覺得還好的聲音，對高敏感族來說卻是干擾神經系統平衡、令人不快的噪音。

例如煙火。在高空引爆綻放的煙火，光是用眼睛看就非常具有藝術美感，但那不可避免的火藥爆炸聲，卻會干擾高敏感族的神經系統。我曾在為高敏感族開辦的課程上，或在心理治療時詢問他們：「你經歷過最糟的過度敏感經驗是什麼？」他們回答「煙火」時讓我一點都不驚訝。震耳欲聾的「砰砰」爆炸聲，對他們來說彷彿來自地獄的轟天震響。

即使是樓上鄰居在地板上走路發出的微弱聲響，只消一丁點聲音就能讓淺眠的他們驚醒。旁人看似微不足道的小事對高敏感族來說都是嚴重的干擾。在丹麥，許多高敏感族受不了北歐冬季的寒冷與從門窗縫隙滲進來的寒氣，而婉拒了派對的邀約；他們無法待在人太多的地方；美髮沙龍使用的燙髮液對他們來說刺鼻難聞；要去有抽菸習慣的人家裡玩也會讓他們苦惱，因為就算對方保證「你在我家的這段時間我不會抽菸」，但他們敏感的鼻子就是聞得出那些沾染在窗簾、家具上的陳年菸味，一想到這些就會讓他們感到不快。

還有些人辭去工作的理由，其實是再也受不了辦公室中不停播放的收音機，關都關不掉。

走進咖啡館，室內大聲播放著跟自己品味不符的音樂，這讓他們很不舒服。高敏感族很難找到自己中意的咖啡館，這種狀況不管對高敏感族本人或同行友人來說，都很容易心煩氣躁吧。尤其兩個人都又累又餓的時候。

高敏感族就是做不到輕鬆放下生活上大大小小事。環境條件一旦不健全，他們就很容易失去心靈空間，並為此痛苦不堪。

因為纖細所以在意身邊的任何變化，即使放不下，也要盡力保持心靈空間。

高敏感族能力3

能緩慢、深入且多元地思考

高敏感族對同一件事物能展開各種不同面向的觀點。他們也因此需要比一般人花更多時間好好思考。正因為花時間領會自己的思緒，他們會有獨特的想法，採取特別的行動。這也是為什麼許多作家、藝術家、思想家都是高敏感族。

「我總是不明白為什麼，有些人就是可以一個接一個地做出決定跟判斷。在討論工作時，我常常一時之間突然不知道該說什麼，也沒辦法馬上下決定。我比較傾向把事情帶回家好好思考，隔天再做出決定。剛開始，我常因為沒辦法馬上定案而擾亂了自己工作的節奏。但是現在，我很清楚這是屬於我個人獨特的思考方式。如今，我會在會議的隔天，安排一個讓彼此再次討論的機會，只要我把自己深思熟慮後的想法好好傳達給同事們，他們也會給予我高度的尊重。」

延斯（55歲）

理論上，「高度敏感」的人是站在與「自發的」、「衝動的」完全相反的另一端。但如果高敏感族不斷受到過度刺激，也沒有「回頭」這個選項可選擇時，他們可能會從敏感變成憂鬱症，或把累積的憤怒一次爆發出來，這些衝動的行為都只是為了掙脫超載失控的一切。好比一氣之下把工作辭了、跟朋友斷交、突然打電話回老家對年邁的雙親大發脾氣、暴飲暴食或過度攝取酒精等等。

此時的高敏感族跟邊緣型人格障礙④的人狀況很類似。但除了跟邊緣型人格障礙患者一樣有憤怒的傾向之外，高敏感族還有容易懷抱罪惡感跟愧疚的傾向。他們在造成他人的麻煩時會懊悔不已，不小心傷害了其他人或動物時，會有好一陣子都深陷在悲傷當中，不斷地責怪自己。

除了比一般人需要更多時間思考外，
高敏感族也容易因為傷害別人而懊悔不已。

④邊緣型人格障礙（Borderline Personality Disorder 縮寫：BPD）：簡稱「邊緣人格」，因為介於健康、憂鬱症、精神官能症及精神病這四者之間的邊緣，故稱為邊緣人格。和一般人一樣擁有健康的部分，但容易因為小事就感到受傷，無法控制衝動的慾望，做出傷害自己或他人等行為，而且會反覆出現。

高敏感族能力 4

行事謹慎，危機處理能力強

人在面臨新的狀況時通常會採取兩種行為模式。一種是正面迎擊勇敢挑戰，並在嘗試與錯誤之間來回摸索；另一種是在採取行動前先仔細觀察，深思熟慮後才出手。

會選擇第一種模式的人，人格特質上大多比較機靈，往往不知瞻前顧後就衝動行事，很有冒險精神；但會選擇第二種模式的人則傾向比較慎重，對事情小心翼翼毫不馬虎，採取具體行動前總會澈底仔細評估。

這兩種模式在各種狀況下有各自的優點。

動物界裡，當兔群來到一片青草跟天敵都不多的新草地時，為保全性命，某些兔群會採取第一種行為模式。在其他行為相對「謹慎保守」的兔子提起勇氣踏上這片新草地前，那些行為「勇敢機靈」的兔子可能早一步把所有的草都啃光；但若狀況相反，青草豐富，天敵也多的時候，應該就得採取第二種行為模式吧。第一隻踏上草地的勇敢兔子，可能沒一會兒就被天敵給吃掉，但行為謹慎保守的兔子早在一切為時已晚前就已嗅到危險的氣息。

有時，行為謹慎保守的兔子會發出警告訊號，通知同伴危險發生了，幫助整個群體得以存活；但有時候謹慎保守的兔子死於飢餓，只有勇敢機靈的兔子倖存下來的相反例子也不少。多虧了同物種中有這樣兩種迴異的生存策略，無論哪一方死亡，總有另一方能存活下來免於滅種的危機。

事實上，動物們採取的第二種行為模式，高敏感族也經常使用。在決定開口或出手行動之前，會先觀察、思考，甚至會在對話開始前先模擬好幾個可能的模式。「如果對方說不的話，我就要這樣說；如果他很開心的話，下次我就……」諸如此類，在端出行動計畫前把所有可能的結果全想過一輪。許多高敏感族對觀察新的可能性這點十分在行，但是他們也會在事件轉向失敗的第一時間就嗅出徵兆。

高敏感族在真正跨出那一步前，會縝密規劃通盤思考。拜此能力所賜，他們極少失敗或遭逢意外。但相對地，缺點就是在面對可能發生的危險時常舉棋不定，以至於耽擱太多時間錯過做決定的良機。

我如果要辦講座，一定會事先把所有細節全都想過一遍，我會假設當天一切可能發生的意外，連同碰到這些意外時該怎麼處理的對策通通都先想好。因為我得把所有的精力放在講座上，所以我沒有餘力去應付那些不愉快的、預期以外的突發事件。對我來說，提前把當天所有可能的細節都思考審視過的這件事是極其合理的。

但這種事前的縝密準備，對性格積極進取的人來說可能就沒有必要。因為就算事情不會百分之百完全按照計畫進行，他們也不容易因為這些突發狀況而慌張。

高敏感族還有個問題就是，他們經常會感到不安。

應該有人曾聽過旁人這麼對自己說：「不要擔心這麼多，船到橋頭自然直。」

但是對高敏感族來說，在說出口或採取行動前都先想好才是最聰明有效率的辦法。畢竟，高敏感族的能量跟精力也不是無上限，實在沒有餘力把精力投注在那些可能跟自己預想相差甚遠的事情上。

再來，沒有意義的爭吵，長時間下來也會擾亂高敏感族神經系統的平衡，應該能免就免，他們也比一般人更容易被寒冷、空腹所帶來的飢餓感或口渴影響情緒，所以得儘量照顧好自己。也許常有緊張不安的感覺，只要這種感覺出現，就要讓自己停下來好好休息，冥想或是做一些幫助自己放鬆的活動會非常有效。

感到緊張不安時，
就該放慢腳步，幫助自己放鬆。

高敏感族能力 5

具有高度的同理心，很替人著想

高敏感族具有高度的同理心，也很容易對旁人產生情感上的投射⑤。

他們可以察覺對方的心情，總是非常細心體貼。許多高敏感族投身服務業或者擔任支援方面的工作，你可以見到被服務的對象經常會對他們欣然表達感謝。

但如果是從事全職照護工作的高敏感族，在經過一整天的工作後，幾乎可說是一點力氣也不剩了。因為他們具有高度的同理心，總是能敏銳地感受到周遭人的情緒，但也很容易受到他人情緒的影響。他們無法從其他人的痛苦或是遭遇中抽離，就算回到家，工作的事情也會在腦子裡轉個不停。所以從事與人相關工作的高敏感族一定要注意好好照顧自己的內心，否則被壓力擊倒的風險是非常高的。

不少高敏感族紛紛表示，自己非常討厭處在爭吵的現場。這是因為當下他們很快就會感受到壓力，也很快就可察覺出周遭氣氛不對勁的關係。

高敏感族經常會被問到「難道沒有方法讓你不被周遭人影響嗎？」但高敏感族本身內建了敏銳無比的情緒感受雷達，他們就是能清晰感覺到周遭正在發生的事。像我自己不時在心裡祈禱著，拜託這些從四周發送來的訊息能不能不要再透過我的眼、我的耳進入到我身體裡面啊……說得誇張一點就是，眼睛不要看到、耳朵也不要聽到、什麼都不要感覺到最好！

因為某些緣故，高敏感族一察覺周遭氣氛變差的時候，他們忍不住會想「這個

---

⑤投射效應：把自己的感情、意志、特性投射到他人身上並強加於人的一種認知障礙。

人好像在生我的氣，我是不是做錯了什麼？」或是「這個人是不是因為無法回應我對他的要求，所以很沮喪啊？」這兩種想法所引發的反應天差地別。如果偏向前者「對方在生我的氣」，高敏感族很容易就承受過度的壓力。

解讀不同，想法就會不同。
是否該把所有責任攬在自己身上呢？

高敏感族能力 6

誠實，有責任感

大部分高敏感族都非常誠實，而且有把所有事情的責任都往自己身上攬的傾向。他們大多在年幼時就能敏銳察覺周遭不穩定的氛圍，當中還有不少人會煞費苦心地想做點什麼看看能否改變現況。

根據某項調查，四歲的行為抑制型兒，即使本人清楚知道自己身處在一個完全不會有人監看的環境下，他們還是不會去欺騙他人、打破規則，或採取一些以自我為中心的行動。除此之外，當這些孩子處在道德上進退維谷的狀況下，他們會做出有益於社會的抉擇。（科茜斯卡 Kochanska、湯

普遜Thompson，一九九八年）

「每當我感受到母親的悲傷時，我會竭盡所能避免可能會讓自己成為箭靶的所有事。但『我到底該怎麼做才能讓母親的人生好過一點？』這個問題，總是讓我非常苦惱。然後，某一天我在心裡做了一個決定，我決定對每一個見到的人都微笑。那是因為，我覺得這麼做的話，別人就會誇獎媽媽把我教得很好。」

漢妮（57歲）

高敏感族一旦讀取到空氣中不穩定的氛圍，就覺得自己非得負起責任不可，然後想要馬上做些什麼，衝得太快一下子就努力過頭。

他們把同伴所感受到的沮喪，當作自己的事情照單全收，積極面對同伴的情緒，試圖鼓勵對方或幫忙尋找解決方法，直到精疲力竭，再也解決不了為止。但其實事件當事者老早跟個沒事人似的在一旁開開心心，當下的沮喪跟不安，也已不知跑哪兒去了，只剩高敏感族在那裡瞎操心。

一股腦兒地把自己置身到對方的問題裡，到底是好或不好這得看情況。但必須特別注意的是高敏感族很容易吸收不好的情緒，神經系統的平衡一旦崩壞就會無法控制地擔心個不停。你沒辦法對世界上所有的事情負責。而你想要負起責任的想法，其實是替旁人扛起了那個原本該由他們負的責任。況且，**自己的責任自己扛，從錯誤中學習，有時候也是為了對方好**。

「當我放棄了想替周遭的人扛起責任的想法，突然間激起了我想在這個世界上活下去的熱情。」——伊根（62歲）

高敏感族的想法很簡單，無論如何就是不想害別人壞了心情。正因如此，高敏感族與他人接觸時總是神經緊繃；相反地，個性積極進取的人做事、說話的時候，根本沒想太多，對於這樣不假思索的舉動，高敏感族常常覺得不可思議。

高敏感族常會跟我說，他們覺得別人的言語充滿攻擊性，話講出口前缺乏思考，讓他們很受傷之類的話。這種講法就好像別人都應該跟自己一樣，做所有事情之前都得深思熟慮。但實際上，別人根本就不會這麼做。所以，**讓自己比較舒服的辦法是別把自己放在受害者位置，而是換想法，接受每個人本來就不一樣**。

高敏感族的你肯定有這樣的經驗吧！老覺得自己吵不過別人，永遠都是到隔天才想起自己當時該講什麼才好。高敏感族的我們就是因為總是替對方想東想西，所以反應比較慢，想對對方說的話才會說不出口。但話說回來，我想大聲疾呼的是高敏感族不可能永遠都細心、也不可能永遠都有高度的同理心。儘管我們很誠實，但一旦受到過度刺激，心裡的空間跟餘裕感消失殆盡時，就沒辦法顧慮這麼多，才會變成一個旁人眼中好像很難相處的人。

把自己置身到對方的問題裡，
只會把自己消磨殆盡。

高敏感族能力 7

想像力豐富，擁有豐富的精神生活

許多高敏感族會認為「自己正過著夢想中的生活，非常有想像力，擁有能把事物描述得栩栩如生的幻想能力。」我一個人的時候幾乎都不會覺得無聊。我認為這是個非常大的優點，因為我不必仰賴他人帶給自己快樂。也因為這樣，我完全享受做自己的自由。

有許多人進入退休生活後，就不需要再像以前那樣使盡全力地工作，閒下來突然多出一堆時間後卻覺得日子讓人發慌；高敏感族就不同了，他們覺得這些時間就像是天上掉下來的禮物，讓他們終於能從工作中解放獲得自由，可以有機會放慢腳步好好度過每一天，在生活中無限擴展自己的想像力。

他們不太需要特別去尋找靈感，靈感彷彿泉水般從體內源源不絕地湧出。這種感覺更像是靈感多到你想叫它別再來了！內在彷彿有個聲音告訴自己「馬上動手吧！」這聲音大到你沒辦法假裝自己聽不見，大到你再也無法忽視它。

「我很喜歡畫畫。但每當有新的畫作映入我眼簾，我常覺得心理負擔變得好大。一方面是內心湧現的興奮感，但同時我也感覺到壓力——那種靈感湧現，不得不馬上衝去畫布前，把腦中畫面畫出來的壓力。」

麗榭（30歲）

如果能將強烈的靈感昇華為藝術，當然非常有意義。所以我們會看到許多高敏感族創作藝術作品，當中有些還不只專精單一領域，他們甚至能橫跨多元領域從事藝術創作。

我訓練自己晚間十點以後儘量不去看那些可能激發我靈感的事物。因為腦子裡一浮現新點子，我半夜就會興奮得睡不著覺。高敏感族本身對於意識與無意識間的區隔原本就很弱，因此想像力很容易在睡眠中以潛意識的形式悄悄靠近。

享受自己獨有的能力，
真正地做自己。

高敏感族無法從外在表現來辨別

雖然說世界上沒有完全一模一樣的兩個人，即使是高敏感族也有各種不同的類型。但以下我要介紹的是與過往印象中的高敏感族完全不同，你第一眼完全不會覺得他是高敏感族的兩種類型：外向型與尋求刺激型。

§ 外向型

百分之七十的高敏感族是內向型，而百分之三十是外向型。他們擁有深層的內在世界，也兼具了社交性及外向性。「外向型」的高敏感族置身在群體間感覺比較自在。

這類型的高敏感族多數來自於大家庭，對身為群體中的一員感到既安心又親密。或許，他們年少時曾住過學校宿舍或是跟其他人合租公寓。

高敏感族會變外向還有一個重要原因，那就是來自於社會的壓力。如果他們從小就生長在一個不認同內向孩子存在的家庭，生存本能便迫使他們假裝自己開朗又活潑，他們不得不學習變外向。

話雖如此，要外向型的高敏感族把全部時間都花在人際交往上，對他們來說仍舊不是件舒服的事。因為他們一樣得需要花許多時間整理接收到的刺激。

外向型的高敏感族其實很辛苦，總需要面臨龐大的挫折感。會這麼累正是因為他們常常以超過自己承受界限的社交性示人。他們所感受到的挫折感不是內在型高敏感族有機會體驗到的。

之所以經常有人以為高敏感族就等於內向，那也是因為他們在各方面特徵上有不少共通點。擁有豐富的精神生活、喜歡沉思等，高敏感族特質與榮格所列舉的內向者特徵幾乎完全符合。

無論是內向者或高敏感族，多半不需要太多來自外界的經驗，他們自己擁有獨特且豐富的精神生活，思考跟想像就是他們心靈的食糧。也因此他們得耗費許多精神，才有辦法把接收進來的資訊昇華及內化。

現在我們來想一想，為什麼高達百分之七十的高敏感族都很內向呢？高敏感族在人數少的環境下比較有機會深度思考，這邏輯本身十分合理，而小規模的人際關係比較不會讓高敏感族那麼快就被過度激化。

來我這兒進行心理諮商的人，當我說他們「你個性很內向呢！」時，總有不少人出言否認。

「才沒有，我可不是那種總是一個人坐在那邊的人。」

「內向」這個形容詞，至今仍被認定帶有點貶低侮蔑的意思。大家一聽到「內向」這個詞，聯想到的畫面不外乎是對別人的事情絲毫沒興趣、只沉浸在自己的世界裡，一個人坐在椅子上咬指甲，或一直盯著電腦螢幕看的刻板印象。

榮格對內向者有如下的描述：「關注自己內在世界多過於物質世界的人」，但這並不代表他們只對自己的內在世界感興趣，他們同時也會對其他人的內在世界感到好奇。

所以如果你對著內向者盡談論些表面的、物質上的話題，他們很快就會覺得無聊。儘管他們對不著邊際的閒聊感到緊張，但如果是能談論共同興趣的對象，一對一或人數較少的深度對談，對他們來說會非常開心。相對於耗費心力融入一個大團體，他們更樂於參加那些不需要太過拘謹且人數少的聚會。

§尋求刺激型

高敏感族多半喜歡安心感更勝於刺激感，他們會從自己習慣、熟悉的事物中找到安全感。但高敏感族當中也有那種很具冒險精神、喜歡探險的人，常常一感到無聊就採取某些行動，也經常因此受到過度刺激，這種就是很典型的「尋求刺激型」高敏感族。對這個類型的高敏感族而言，最重要的課題就是該如何取得平衡。

尋求刺激型的高敏感族厭倦一直重複同樣的事情。所以持續做著千篇一律的例行公事，反而會令他們不安。他們追求美好的體驗。比方說如果要去旅行，就會想去一些從來沒去過的地方。

這種行為就像是，主動把問題拉到自己眼前。逕自追求新的刺激，絲毫不考慮自己是容易被過度激發的體質，到最後把自己搞得疲累不堪。

所以很多尋求刺激型的高敏感族會在事後自責，儘管他們自我譴責的理由一點根據也沒有！然後一邊責怪自己，一邊卻忍不住再次追求新刺激。

反覆在自責與刺激之間擺盪，讓維持平衡這項任務顯得相當艱鉅。這種狀況和駕駛者一腳踩油門，另一腳卻踩著煞車有些類似。

§每個人都是不同的個體

前面我們介紹了內向型、外向型與尋求刺激型等三種高敏感族類型，但絕不會有任一特定類型會跟你百分之百吻合。想要達到百分之百，恐怕一百個人就得細分成一百種類型。

硬去選擇一個勉強符合自己的敏感類型，很有可能會在不自覺的狀態下去扮演另一個自己。人一旦認定自己與某個特定類型相符，就容易把自己嵌入既定的類型。若讓自己被該類型特質給束縛，就等於把還有機會成長，還能改變的事實從腦中澈底剔除。

分類最大的目的是為了讓我們清楚「每個人都是不同的個體」。如果我們無法理解這點，就會落入一種自以為全世界都應該跟自己一樣的偏見。換句話說，如果你已先假定好自己身處在與他人同樣狀況時會採取的行動，而旁人現實中的行動卻與你所想的不同時，你反而會因為偏見而覺得別人的想法才有問題。

在我意識到每個人都有各式各樣不同類型之前，我一直以為那些精力充沛又很急性子的人之所以能這麼有精神，一定是故意忽略或刻意逃避某些事物。但現在，我知道那不過是每個人的行動模式不同罷了。

外向者若不理解內向者也會有各種不同的個性，就會以為內向者都是緊張兮兮，對旁人一點都不關心的自私鬼，說不定還會認為內向者利用時間的方式很「小氣」。

內向者如果選擇不跟伴侶一起度過美好的夜晚，反而選擇一個人獨處，外向的伴侶可能馬上會覺得「對方一定有什麼事！」而感到非常不安吧。因為對外向者來說，他們根本無法理解長時間一個人獨處有多麼自在。

我想，世上的情侶如果能認清人就是有各式各樣的類型，或許就能更增進對彼此的理解吧。

人類很容易把自己置入某個特定類型。
掙脫該類型的束縛，才有機會再成長。

第2章

「高敏感族」常有的心理問題與解決之道

心理問題 1

對自我高度要求

§ 被自己設定的原則所束縛

我曾請來找過我諮商的高敏感族們，列舉出他們為自己訂下的「行動準則」。

- 不管什麼狀況都要百分之百地全力以赴。如果可以，我會使出百分之一百二十的力氣。
- 絕不允許自己對周遭的人示弱。
- 絕不能做一個以自我為中心的人。

- 儘量照顧身邊的人，還要讓他們都開開心心的。
- 大家都在的場合，還把私事拿出來刷存在感是相當失禮的。
- 絕不允許失敗。

這些規則有可能是來自父母，也有可能是他們自己訂的。但仔細觀察後會發現，他們可能不一定清楚自己究竟為自己訂下了什麼樣的規則。

這種訂定原則的模式跟人類學習如何使用湯匙的狀況有點類似。剛開始學習時，湯匙該怎麼握、該怎麼轉方向、如何將食物送入口中，每個步驟都需要思考。然而一旦學會了，所有步驟都能在無意識的狀態下完成，不再需要一一去想該怎麼動作。

你是否也在無意識間自動遵循那些過去就刻在腦中的規則呢？即使它們越來越舊，舊到甚至早已不符時宜。

高敏感族老是對待他人寬容，對自己卻又無比嚴苛，這也是為何長時間處於社交場合會對他們造成很大的負擔，再加上強迫自己的一切行為舉止都得恪守這些原則，不累才怪呢！

§為自己的理想形象設下高標準

高敏感族容易在為自己訂下原則的同時，也對理想中的自己該是什麼模樣設下高標準。比方說，他們會規定自己：

- 要親切友善。
- 要有服務的精神。
- 要客氣。
- 盡心盡力照顧人。

- 謹慎思考。
- 有責任感。
- 關心其他人。

簡單來說，替自己訂下「凡事完美」的規則就對了！只要有一丁點的不完美，絕不放過自己，幾乎二十四小時一刻都不能鬆懈，高敏感族的腦袋裡不存在「剛好就好」這種邏輯。

為什麼呢？每當他們想「這樣就好」時，就會深刻感受到理想中的自己跟現實的自己之間那條深深的鴻溝。

§因為自尊心低落，所以得更「優秀」

會為自己設下高標準的真正原因，其實是因為自尊心低落。這是當高敏感族越來越不相信自己也有被愛的價值時，為了讓自己再度相信所採取的策略。

自信跟自尊心可區別如下：

- **自信**——信任自己的能力與行動。
- **自尊心**——能感覺到自己內在潛藏的本質，相信自我價值的心。

極少有人是自尊心強卻沒自信的。理論上，自我感覺良好的人會透過生活上的成功體驗找到圓滿人生的課題。

但相反地，自信滿滿卻自尊心低落的人卻很常見。不太替自己想的人為了想彌補自己低落的自尊心，會比其他人更努力想在各領域取得成就。

比方說職場上表現優異的人，非常清楚知道自己的能力到哪裡，只要說到工作他們永遠帶著自信。但其實他們的內心深處非常不安，經常質疑自己是不是真的能做好或周遭的人是否滿意自己的表現。

之所以會有那麼多高敏感族懷疑自己的價值是有理由的，他們自小就背離社會文化理想行為規範的常軌，當中甚至有人從小就被說心理有問題。

「我媽常說我太脆弱了。」

英嘉（50歲）

高敏感族從出生那一刻起就難以融入整個大環境，為此擔憂的父母有時會因此流露出他們的失望。而高敏感族是絕不可能漏看雙親臉上失望的神色。活潑外向的孩子或許不會發現，但絕逃不過高度敏感孩子的雙眼。

這種因為自己的關係害父母失望的經驗，會以一種令人恐懼的記憶方式滲透進他們的心。

高敏感族甚至敏銳地察覺到自己可能就是那位麻煩製造者。

這導致他們會事前預測所有隱含失敗的可能。他們會仔細確認自己的一切行動，看看是否有任何地方可能出錯招致非議。只要一想到自己遭受預期之外的批判，內心該有多麼痛楚時，那還不如現在就自虐一點比較好。

「只要有人批評我，我腦子就會不由自主地一直想著那個人的話。即使心裡知道那些話一點都不中肯，但就是忍不住想問自己是不是有其他被批評的理由？耳邊充斥自我質疑的聲音，難道只有我會這樣嗎？」

雅內（31歲）

身為高敏感族的我們從小就習慣將他人的負擔往自己身上攬，而且緊抓著不放，以下受訪者的談話即是一例。

「我一直覺得都是自己的錯才會害媽媽變得這麼不幸。我覺得那個無法拯救憂鬱母親的自己好羞恥，這全都是我的錯。」

伊達（52歲）

§ 以為自己不努力，別人就不會喜歡自己

你是否曾在幾乎無意識的狀態下，有過以下的想法？

「對大家來說，我就是團體裡最麻煩的那一個。如果我更努力討好對方，身邊的人就不會離開我了。」上述思考背後隱含的邏輯是「要是我再不努力，就會變成孤單一個人」或是「仔細想想，怎麼可能有人會愛我這種人？但如果我努力一點的話，可能就可以加入他們……」這種思考背後隱含的邏輯是「再不努力，所有人都會拋棄我」。

低自尊心與高標準二者為互補關係。

就算心裡存在著「標準若是不設高一點，就不會有人愛我」的想法，總有一天現實生活也會證實這種想法從一開始就錯了，而終有一天會有個純然愛著「你就是你」的人出現。

不過，只要有過一次因為自己設下高標準後成功討好到某人的經驗，就會食髓知味地持續用高標準彌補自己的低自尊。然而這種模式一久，你會無法判斷對方究竟是「喜歡你這個人」還是只是「喜歡你的親切」，到最後心裡會只剩下一種想法：我根本不值得被愛。

高敏感族的人生中不免也有過幾次被愛的經驗，但他們心底卻老是有一種「人家愛我並不是因為我就是我，而是因為我為自己設了高標準」的想法。

我曾經問來接受心理治療的人「你覺得我喜歡你嗎？」，我得到了這個答案：「喜歡啊，但那是因為我付妳錢。」

還曾經有好多次，來接受心理治療的人會跟我說：「我很慶幸我們之間只是客戶與心理治療師的關係，我不用煩惱自己要讓妳感覺舒服，也不必擔心妳會不會不開心。」

不少高敏感族為了打入群體，不惜付出金錢。例如服務生對自己特別有禮貌或特別親切時，他們會給對方小費。如果你也是曾經付出金錢的一人，你自然不可能相信對方是真心的喜歡才對你親切。你的自尊心就在這樣的狀況下越縮越小。

對自我的標準有多嚴格，對自尊心產生的負面影響就有多深。過度要求自己的結果就是一再對自己失望，最後就疲乏了。再加上高敏感族本來就容易自我批判，用不了多久就陷入惡性循環之中。

§ 如何掙脫惡性循環

如果你總是忍不住替自己設下高標準，那「降低標準」就是你的重要課題。否則，你早晚會撐不下去。這個練習很簡單，就是**「以毒攻毒，持續反覆打破自己訂下的原則」**。

我們可以預想得到打破原則後可能有多慘，而這些慘狀也往往會成真。但透過不斷打破規則，一次又一次達不到高標準的慘痛經驗，完美主義的程度會一點一滴下修，慢慢地你也會比較輕鬆。

原本你很擔心自己打破規則、降低標準就不完美了。但事實上你反而會發現，就算不完美，大部分的人也還是喜歡你。當你越來越放鬆，也就更能積極地與人接觸。相信不久的將來會出現一個人告訴你——他跟你相

高敏感族的惡性循環

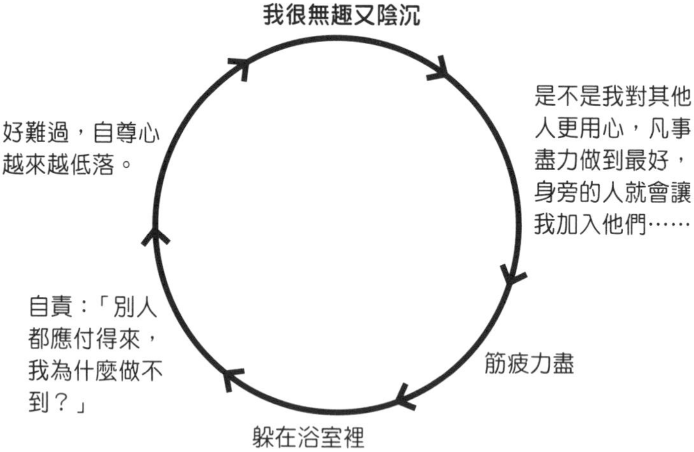

我很無趣又陰沉
是不是我對其他人更用心，凡事盡力做到最好，身旁的人就會讓我加入他們……
筋疲力盡
躲在浴室裡
自責：「別人都應付得來，我為什麼做不到？」
好難過，自尊心越來越低落。

處起來很舒服。

一旦建立「停止繼續努力，允許自己維持你本來的樣子」的成功經驗，會幫你把自尊心一點一滴撿回來。**降低標準幫助你重新建構豐富的人際關係，你可以啟動一個新的良性循環。**

§ 降低標準也需要勇氣

你一直以來的人生，都為了彌補自尊心低落付出昂貴的代價。不過，要你捨棄它，一開始會恐懼也是很正常的。

沒關係！慢慢來，一點一點地去習慣就好。如果過去不管誰來求助你都有求必應，那麼現在就偶爾拒絕一次吧！**練習的第一步，就是把總是做到滿的努力稍微往下降低一點點就好。**

例如朋友拜託你幫忙照顧孩子時，試試看這樣回答如何？

「好，我幫你。但因為還有其他想做的事，只能幫你看到晚上九點喔。」

確實有些人害怕降低標準後，身邊的人就會離開自己。沒錯！的確有人會因此離你而去。

我這樣說好了，有個超級親切又貼心，總是設想周到的朋友實在是方便極了，你身邊有好幾個把你當工具人的朋友，我還真是一點都不意外。

這些人很有可能你一旦表明不幫忙，他當場就對你失去興趣。簡單來說，在你決定「停止提供服務」之前，最好要做好失去這些朋友的心理準備。

但問題是，你得仔細想想對這種以「跟你在一起好方便」為由而跟你當朋友的人，真的有勉強維繫友誼的價值嗎？還是你應該冒個險，確認一下對方是否只是因為「方便」才跟你當朋友？

就算有幾個「朋友」因此拂袖而去，也不可能所有朋友都走光光吧。相反地，最大的好處就是讓你睜大眼睛看仔細，誰是因為喜歡原本的你而成為你的朋友，並不是因為你能替他們做點什麼。

§ 下決心展現本來的自己

放棄遵守那些成為枷鎖的規則，你可以做你自己。當你不再被食古不化的規則所束縛時，你行動的範圍就會越來越廣。

但有時難免會有恐懼感自內心深處爬滿全身的感受，這時候說再多你都會覺得沒有用。我只能說這需要經驗。只要下定決心勇敢踏出一小步，新的經驗會流入體內，涓滴累積終將為你帶來極大的改變。

「我在心裡發誓不再對職場上所有人都小心翼翼了。我決定鼓起勇氣告訴坐隔壁位置的同事，她大聲講電話對我來說有多麼困擾。但前一晚我失眠了，腦海裡開始演起各種小劇場，我在心裡反覆排練，擔心同事會不會一氣之下去主管那裡抱怨、要求我換座位。當天上午，我靜靜地等待，找尋說話最好的時機，但時間一分一秒過去，都已經午休時間了，我卻還是提不起勇氣。

後來我去散步，再回到辦公室後深吸了一口氣，我把我想好的台詞說出口了。

那一刻彷彿整個辦公室都寂靜無聲，我心跳得好快，呼吸好像快停止了，連頭也抬不起來。那幾秒鐘對我來說好像過了幾個小時那麼長。然後，我同事說話了，『妳應該更早就讓我知道的，但是謝謝妳願意跟我說，我們一起來想辦法解決問題吧！』這是一次很棒的經驗。在那之後，我發現自己比以前更喜歡那個同事了，而同事也跟我一樣，我們比以前更常一起分享好點子。

這次經驗讓我非常愉快，那天回家以後，我也終於敢開口跟我先

擺脫惡性循環

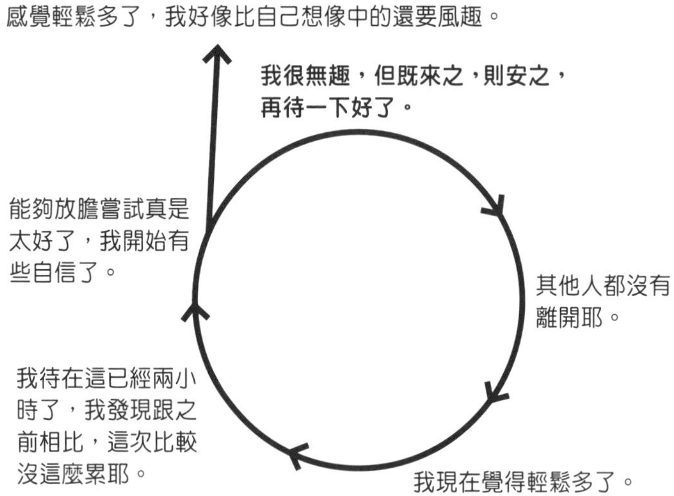
感覺輕鬆多了，我好像比自己想像中的還要風趣。
我很無趣，但既來之，則安之，再待一下好了。
其他人都沒有離開耶。
我現在覺得輕鬆多了。
我待在這已經兩小時了，我發現跟之前相比，這次比較沒這麼累耶。
能夠放膽嘗試真是太好了，我開始有些自信了。

生說，他半夜開燈的行為實在很困擾我。」

琳內（43歲）

有很多人始終不相信自己的價值，連冒一次險抓住機會確認都沒有，就這樣度過了一生。但明明抓住機會就是一條讓自己擁有自信的捷徑啊！自信這種東西是努力掌握機會後就能培養的。當然，某些時候努力卻也可能是一種有勇無謀。

若我們為了成為一個值得被愛的人而付出各種努力，那麼首先最應該努力的就是「停止努力」。如果你因為不想被人疏遠，而正嘗試各種方法隱藏某個不願示人的面向，那麼也請你放棄這個努力！

就算不展現出自己也有被愛的價值，在你內心深處肯定也夢想著有人愛著原本的自己。

要實現這個夢想的首要條件就是，鼓起勇氣告訴別人你是誰。

如果你怕別人看到真實的你就會拂袖而去，那麼請澈底跟那個虛假的自己告別吧！這麼做確實有可能讓自己置身於恐懼之中，但換個角度想，說不定可以藉此跟那些還沒被嚇跑的人建立更深一層的友誼。

停止努力成為眾人期待的那個「好」的自己，只要真誠以對，肯定有更多能為人生帶來喜悅的新體驗正等著你。你會體驗到過往人際關係中從未經驗的，你會知道原來就算別人看到你不完美，也一樣會喜歡你。

這些新體驗恰巧扮演了恐懼解毒劑的功能，它喚醒你做自己的勇氣，同時幫助你更積極與他人交流，有效延長你待在社交場合的時間、幫助你更自在。

不要強迫自己一定要「好」，
就算顯露出不完美，也會有人喜歡你。

心理問題2

容易受到罪惡感與良心的苛責

§ 無需對自己能力不及的事有罪惡感

罪惡感分成兩種，區分這兩種罪惡感很重要，因為這樣你才會更清楚要如何應對。

- **真實的罪惡感**：這種感覺會告訴你，你確實對他人做出了某種不好的事。
- **過度的罪惡感**：罪惡感變得誇張失控。

罪惡與力量是一體兩面。背負罪惡感的人擁有一定程度的力量。比方說，母親生日那天下雨不是我的錯，因為我沒有支配天氣的力量；但如果我放母親生日自己一個人過，我就得負起這件事的部分責任，因為只要我不是跌斷雙腿住院，就應該有能力至少露個臉。

如果要把罪惡感換算成自己對該事件的影響力，那就是你投射到現實的情感。換句話說，就是你成為他人快樂或痛苦的根源。所以，如果你成為某人痛苦的原因，並且覺得補償對方會比較好的話。請直接詢問對方：「有沒有什麼事情是我做了可以減輕你的傷痛呢？」

無論對方是否回答，聽到這樣的話，心裡都應該會比較舒坦。

對大部分的高敏感族來說，賠罪道歉幾乎不是什麼難事。甚至可以說，他們極度重視道歉這件事，內心常出現過剩的罪惡感，所以經常會道歉過頭。

但放棄道歉，讓自己與罪惡感同活有時也是一種選擇。與罪惡感共處是對自己

做的選擇付出應有的代價。

心理治療師班．法洛克曾以「存在的增值稅」來形容這種罪惡感。假設你選擇了一條有違祖母原本期待的出路，祖母因此對你感到失望，但此時你該做的並不是拚命賠罪或透過各種補償修復關係；你該做的是讓罪惡感伴隨你人生的選擇一路同行。

請告訴自己，這一份讓祖母失望帶來的罪惡感，是面對自己真正心意時必須付出的代價。

另一方面，如果連對非自己能力所及的事情也有罪惡感，那就太過頭了。這種狀況與你對事情的影響十分有限時一樣（或許不是零，但非常低）。

假設你對自己才剛說出口的事馬上就有罪惡感，這代表你其實高估了自己在對方心目中的存在感，也過度主張了自己對對方的權力。

也有人說「罪惡感實際上是對自我的憤怒」，這種說法在某些狀況下是說得通的。但對我來說，比較貼近實際狀況的描述是「罪惡感是人們在無力感跟悲傷中，為了保護自己而緊抓住不放的一種感受」。

例如，婚姻生活不順遂時，比起正視對方已經不愛自己的事實，怪罪自己感覺比較不會那麼受傷。有罪的是那個握有改變事物狀態權力的人，如果把婚姻生活不美滿的原因歸咎於自己，就是要改變自己的時候。透過改變自己轉移注意力，就可以逃避那個殘忍的事實——婚姻狀態到底變得有多糟。

有些人連生病了都覺得是自己的責任，他們會責怪自己，都是因為沒有好好吃健康的東西或是運動不足才會生病。

我自己的狀況是當我認為生病是因為自己的關係時，我就握有讓自己不生病的權力，我會開始調整改變自身的生活作息。

然而，生命就是充滿了不確定性，我們經常忽略一個事實，那就是不管生活型態如何健康都無法保證我們不會生病。死亡，是我們每個人遲早要面對的事。

面對生命的無常與自己的無力感，過度受到罪惡感的苛責是沒有必要的。

家庭氣氛一變差，小孩很容易覺得是自己的錯。

畢竟，比起把責任寄託在缺乏擔任父母能力的雙親身上，把罪惡感跟權力背負在自己身上比較能保持他們內在的穩定。認為自己有罪的孩子們會先想改變自己，像是儘量表現良好，當一個乖孩子之類的。

孩子固然具有正視父母犯錯的現實能力，但對他們來說或許太難了，有時他們甚至會緊抓著心目中「父母不可能會犯錯」的理想形象至死方休。但是這種類型的人普遍把自我概念①描繪得過度負面。特別是那些從小就在缺乏關愛的環境中長大的人，特別容易將自己的父母理想化。

長大後再回頭審視自己與父母間的關係其實是比較妥當的，因為成年人比較容易接受那些過去童年時無法面對的現實。

可以的話，請借助心理治療師的協助重新體驗②童年的經驗，你也許可以連結

---

①自我概念：自我概念是心理學上一個人對自己的看法、態度、意見和價值判斷的綜合，也是一種形象，個人認定跟知覺的對象。

②重新體驗：或稱再體驗，由德國心理學家狄爾泰（W. Dilthey, 1833-1911）提出的概念，透過「再體驗」重現過往事件歷程，並從中找尋事件對於自己的脈絡關聯與意義。

回童年時依偎在父母親身旁所感受到的勇氣，又或者是當年感受到的無力感。

慢慢地，你心目中那個對父母親，甚至是對自己的自我概念會逐漸改變。你就可以從童年就緊抓不放的沉重罪惡感中獲得釋放，並體驗到真正的安心。

§ 拒絕不屬於自己責任範圍的罪惡感

有時候，我們對事物會抱持著一種 All or nothing——要不全拿，要不一無所有的二元性思考。例如責任全都自己背或都不是自己的責任。

但實際上很多時候我們都處在灰色地帶。以下我會介紹感覺到罪惡感時可以做的練習。透過練習，你可以確認自己目前的罪惡感是否控制在適切的範圍內。

你覺得，他人之所以不幸都是自己害的。

假設你的姊姊或妹妹有憂鬱症。請列出一張可能影響她心理健康所有要素的清單。這份清單可能像以下這樣：

- **工作不順利。**
- **缺乏社交能力。**
- **經濟狀況惡劣。**
- **健康狀態不佳。**
- **不幸的童年。**
- **夫妻關係不好。**
- **與我（她的姊妹）相處不睦。**

完成列舉項目後，請分配一下這些要素的影響力個別占多少百分比。

比方說，工作占百分之二四、缺乏社交能力占百分之一三、經濟狀況惡劣占百分之十、健康狀態不佳占百分之一一、不幸的童年占百分之一二等……。

我常陪諮商客戶一起做這種圖表。

我們會正確評估客戶究竟是感覺不出是自己的責任，或是過度把責任歸咎在自己身上。而如果客戶是高敏感族，大抵是後者居多。

像這種狀況，採用圖表就容易讓客戶一目了然。

當認為「都是自己的錯」的人意識到「原來我的責任比例才占百分之五」時，都會有鬆了一口氣的感覺。但不是所有人在從過多的罪惡感中釋放後，都只感

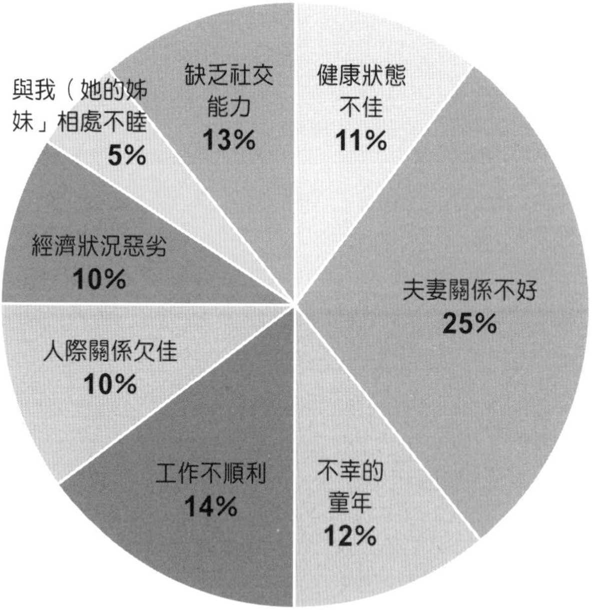

覺到喜悅。實際上，有些人會發現自己原來連改變事物的力量都沒有，而這也讓他們感到更害怕無措。

§從羞恥心中解放，才能活得更坦然、更自在

如果罪惡感是對「我把事情搞砸了」懷抱的一種感受；那麼羞恥心就是對「自我」懷抱的另一種感受。

罪惡感講的是「自己做的事如何使他人受累」或是「自己的疏忽害了他人」。若這份罪惡感屬於自己的責任範圍，面對錯誤改正便是了；但若是超出應負的責任範圍，那就應該學習調整罪惡感的幅度。

不過羞恥心可不是這麼一回事。羞恥心從何而來不得而知，明明無法用言語表達，但就是會感覺丟臉。

羞恥心混雜了「自己該不會做錯什麼了吧？」的模糊預感，與「這件事會不會曝光」的恐懼感。人一感覺到羞恥就會想把自己藏起來；一有人靠近自己就可能會以憤怒的形式示人。

羞恥心也是一種認為自己本質上有缺陷的情感表現，當事人往往沒辦法把感覺說出口，以恥為恥的事情很多，對自己感覺到羞恥的事，打死都不說。

其中，童年時需求未被滿足的人特別容易萌生羞恥心。請想像如下的案例：

- **每當想要給父母親看些什麼，或是給他們什麼的時候，經常被無視、拒絕或被責罵。**
- **對母親情感感受較敏感的孩子，一趴在母親的腿上或環抱住母親脖子撒嬌時，母親就立刻起身說：「我很忙！」或是「你乖，去旁邊玩。」**

這些被拒絕的經驗會讓孩子覺得「我是不是做錯了什麼？」當他們想要展現體

貼卻又屢次發生類似被拒絕的經驗，久而久之他們會羞於對旁人展現善意。

當這些孩子完全放棄對他人展現善意時，更糟糕的狀況可能是，即使他們內心湧現出對他人示好的衝動，但他們卻再也察覺不到。

我再舉個例子。

假設有個孩子，明明覺得自己一個人在房間比較好玩，但卻有人跟他說：「活潑的孩子就是要去外面跟其他小朋友玩在一起啊！」於是，這孩子會開始覺得自己一個人在房間這件事是不對的。下次當他想一個人自在地在房間休息時，他就會偷偷摸摸，要是又因為一個人待在房裡被責罵，這經驗會讓他們日後更引以為恥。

許多人終其一生都不曾將自己的羞恥心說出口，但也有另一種人，透過與自己的羞恥心對決，進而開拓出一條坦然、自在的生存之道。

將羞愧的情感昇華是種打破舊經驗的新體驗。這些曾經羞於對人示好的孩子，即使現在還是會害羞，但有一天一定可以重拾勇氣，對周遭人釋放善意。

剛開始可能會有點害怕或退縮，不過一旦有過某人接受自己好意的體驗，會成為他無可取代的寶貴經驗。這種練習做得越多會越自然，原本盤踞在心裡的羞恥心也會一掃而空。

§ 慢慢消除羞恥心的方法

高度敏感者抱持著羞恥心時的反應如下：

- **心裡希望其他人可以離自己遠一點。**
- **沒辦法迅速回答別人的提問。**
- **不參與競爭。**
- **對事物無法像其他人那樣簡單地輕輕放下。**
- **比其他人容易感覺到疲累。**

• **對自己沒興趣的話題會用場面話敷衍，表現得跟其他人一樣開心，但到最後會不知所措。**

覺得丟臉就想躲起來的事越多，與人交談就會越來越困難。因為他們把力氣都用在保守祕密上，久而久之就沒辦法順暢地說話。

讓高敏感族打開心房、鼓起勇氣的方法之一，就是聆聽其他敏感的人說話。在我為高敏感族開設的課程中，我曾多次見到只要有一個人公開說出自己的失敗經驗，其他人就會受到鼓舞，也開始說出自己的故事。知道有人跟自己一樣，心裡一定很高興。我相信，參加者回家之後應該也能將悶在心裡的話表達出來吧？這是一個讓自己擺脫羞恥心的好方向。

「我終於跟我媽講定，以後來我家時，什麼時間來、什麼時間回去都要事前先約好。現在我終於能夠很坦率地說：『媽，雖然我不打算一個人孤僻過日子、也不排斥跟人相處，但不管我跟誰在一起都一樣，只要時間太長我都會受不了，所以請妳不要在這裡坐太久。』剛開始，我媽跟我抱怨過好幾次為什麼我態度跟從前不一樣了，但她現在習慣了，覺得這也沒什麼。而我反而會期待母親每一次的到訪，也清楚她什麼時候會離開，一切都變得好應付多了。」

英嘉（50歲）

打開心房，聆聽其他敏感人的話，幫助自己走出心裡的牢籠。

心理問題3

容易感到恐懼、容易憂鬱

§感覺恐懼並不是件壞事

大多數的敏感者都在跟恐懼感搏鬥。特別是我們高敏感族的想像力豐富，對事物有獨到的見解，很擅長發現新的可能性。但當事情往不好的方向走時，我們也很容易嗅出不好的預感，越想就越不安。不過也因為我們有洞燭機先的能力，它幫助我們做好萬全的準備，免掉許多意外與失敗。

會感到恐懼很自然。這世界當然也有人天不怕地不怕，但這類人往往有勇無謀而讓自己置身險境。要不然怎麼會有那麼多的父母，害怕讓自己還處於青少年懵懂無知階段的孩子，隻身在夜半的陌生街道上遊晃呢？

不過，高敏感族的少男少女們，就算身處在五光十色的世界裡，也大多能平安度日。他們行事謹慎，不輕易接觸毒品，也不太可能誤觸法律。他們開起車來也比起其他同齡的孩子更加安全小心——前提是如果他們有勇氣去考駕照！

恐懼的範圍可以從小小的不安開始，一路延伸到嚴重的恐慌。在我的客戶之中，有些人剛開始會說自己「什麼都不怕！」但當我進一步解釋恐懼為何物後，他們才察覺原來自己的症狀正是恐懼所引起的。因為恐懼而出現的症狀列舉如下圖呈現：

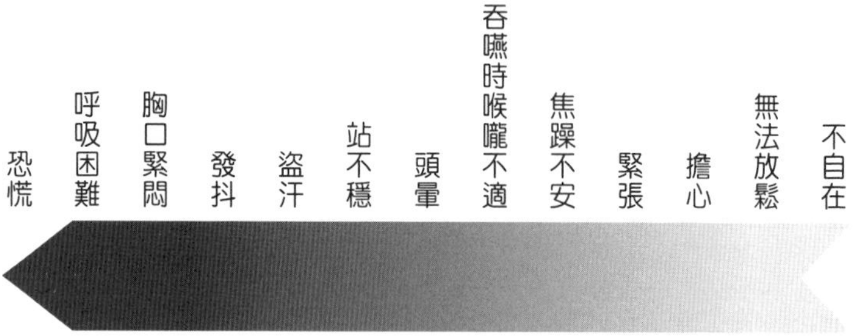

嘴巴上說什麼都不怕的人，其實是對現實還不夠理解。

人生本來就險惡，死亡何時會到來無人可知。既看不到未來，現下所做的選擇，也不知得花上幾年才看得出結果。對人生感到不確定是再自然不過的事了。

但如果恐懼會阻礙你人生的自由，那麼接受治療也是個不錯的選擇。認知行為治療③不太會引起患者的過度恐慌，也能幫助患者學習如何面對內心的恐懼，其治療方法對憂鬱症亦有卓越的成效。

即使認知行為治療普遍有效，只靠它就徹底解決問題的人卻是少之又少。不過，認知行為療法不但能降低患者的過度恐慌，還能緩解患者心中那種身處於不幸深淵的複雜心情，所以光是接受治療就有它的價值。

容易感到憂鬱及恐懼的人多半沒有被溫柔對待，或是在缺乏安全感的環境下成

③認知行為治療，Cognitive Behavioral Therapy，簡稱 CBT：目前最具實證的心理治療之一。患者感知和處理真實世界的方式會影響他們的感覺和行為，認知治療是透過談話及引導，重構和調整這些歪曲的思維，進而重建患者的實際行為，改善其情緒障礙。

長才會養成這種不安的特質。在積極進取的孩子眼中看來不過是瑣事的經驗，也有可能對高敏感族孩子造成創傷。

心理醫師，同時也是神經科學專家的蘇珊・哈特曾說：「對周遭反應敏感的嬰兒會對刺激感受特別纖細。（中略）如果他們成長在一個富有同情心與安全感的環境，他們就有能力參與、感受、關心，並且適應身邊所發生的事件。」（蘇珊・哈特，二〇〇九）

受惠於良好成長環境的敏感兒能將敏感化為優勢。即使他們到兒童期時，不再像嬰兒期那樣獲得十足的關愛，他們在長成大人後還是擁有支持自己的能力，能引導出敏感本身的正面意義，而這些經驗會成為他們人生的資產，引領他們開拓自己的人生。

§藉由小小的成功體驗斬斷「憂鬱」魔咒

人一憂鬱就難免對自己或對未來陷入負面思考。任誰想到負面的事都會變得無精打采，而人越累，負面思考就越嚴重，這樣日復一日形成了惡性循環。我們可以用以下方法帶你脫離惡性循環。

首先我們可以想辦法讓自己不那麼容易累。憂鬱的人通常會想要躲進被窩裡多睡一點。但在此之前，你必須要有「疲倦是悲傷變形下的產物」的認知。就算睡著，悲傷的事情也不會因此消失，所以如果你感到心情沉重，真正需要的不是睡覺，而是去創造成功的體驗。

剛開始時先設定小一點的目標吧！例如下床出門去郵局拿包裹就好。這個目標很容易成功達到吧！不知道自己到底想做什麼也沒有關係，總之就先從小事開始做做看。

比方說，去試試以前曾經很喜歡、很熱衷的事。做著做著說不定會覺得開心，人只要開心就會變得比較有活力。請務必參考本書最後附錄的「給高敏感族的好點子清單」。

「每次我覺得心情很差的時候，就會拿出自己的『好點子清單』，先不做只是放著，放到最後，總能找出一件為自己帶來滿足跟進步的事。

剛開始會有好長一段時間我都完全不想動它，但就算這樣也無所謂，反正我心情早已跌到谷底，再慘也慘不到哪裡去。比方說，我知道把水管清乾淨心情多少會好一點，大概從負八上升到負七的程度左右吧。但我至少感覺得到自己心情有好轉，這讓我覺得人生還有希望。」

延斯（55歲）

§學會控制思考、避免意志消沉

人沒辦法直接控制自己的情緒。

假設你收到一份奇怪的耶誕禮物，應該很難高興起來吧？頂多只能裝出很開心的樣子；同樣地，當憤怒或嫉妒等內心的情緒湧現時也很難壓抑。你忍不住會想，要是能感覺不到這種情緒就好了……。

但如果說我們對自己的情緒並非完全無能為力，那其實是因為人的思考模式會對情緒產生影響，情緒與思考會交互影響。因此儘管無法直接控制情緒，但某種程度上，人可以掌控自己的思考模式，並為自己想把意識投注在哪方面做出選擇。

同樣一件事，想法不同引發的情緒反應就截然不同。比方說，你在路上碰見同事，對方卻沒跟你打招呼，光是這件事就可以有各式各樣不同的想法。

「他一定在生我的氣吧！」如果你這麼想或許就會覺得害怕；若你想的是「搞什麼東西？好歹打個招呼吧！」火氣大概會瞬間大增；但假設你的想法就是很單純

「他沒有看到我」的話，就不會產生什麼特別的情緒；若你還想到「對方好像眼睛不太好啊，我的視力還不錯，真是太好了，都不用戴眼鏡就看得到！」這樣子心情就會變得很好。

容易憂鬱的人普遍有過度負面思考的傾向。同事只是沒打招呼就會有一連串負面思考的小劇場，「為什麼那個人不喜歡我？該不會是我某年某月某日遲到一下下，他就不理我了吧？糟糕，去年我也遲到過一次！其他人都不會這樣，就只有我一個笨手笨腳，他不跟我打招呼沒有錯，都是我自己不好，我早該發現自己就是這麼笨……」

就算是負面思考的人，還是可以練習在一切失控之前斬斷負面思考，並學會更熟練地控制自己的思考模式。

比方說，你失業了。如果你自問的是「為什麼我沒辦法做好這份工作呢？」這只會讓你聚焦在自己的錯誤上；但相反地，如果你問的是「為什麼我就算失業卻也不至於淪落成流浪漢呢？」那麼你就會把關注點轉回到自身。

但也不是所有事情都正面思考就好，一味相信別人的人往往很容易吃虧。拿我來說好了，如果我有「反正不管我演講講什麼，大家應該都會覺得我很厲害吧！」的想法，或許就不會在演講前那麼認真地準備。但是，不認真準備的人所講的話是不可能會有人一直想聽的。

所以，重點在於我們對事物的思考是否儘量貼近現實？

如果你對周遭世界的想法總是太過正面，那麼你應該改變原本過度樂觀的態度，認真地重新檢視這個真實的世界，這麼做會讓你更自在地面對這個世界。

如果你早已厭倦了對任何事都負面思考，那就要改變自己過度悲觀的想法，不再讓悲觀的想法扭曲自己跟這個世界。只要你成功了，不但心情會變好，整個人也會充滿活力。

你就是因為感受力比較強才容易陷入負面思考；你就是無法像那些積極進取的人，對任何事都能輕鬆放下；你一察覺不對勁就會立刻升起警覺心，這是你的特質之一，某種程度上那代表你非常聰明！

§ 不需要勉強自己樂觀

你可能常聽到周遭的人對你說「不要緊張，不要這麼擔心，事情一定會往好的方向走的！」這種話在積極進取的人之間可能還說得通，但對纖細敏感的人來說卻根本不適用，因為他們認為盡全力防止最糟糕的狀態發生才是上策，這樣才能讓他們免於遭受致命的打擊。

「我有一個患有先天性心臟病的兒子。我總是先預想好最糟糕的狀況——我兒子可能要動手術。我的朋友們人都很好，他們看我太過擔心煩惱時，會跟我說『妳要看好的那一面啊！』『不要一直想那些負面的，只要想著上天一定會有最好的安排就好！』

有一天，我帶兒子去檢查時，我聽從了友人的建議，一邊穿越醫院大門，一邊對自己說出充滿希望的話『一定會順利的』，但天不從人願，檢查結果並不理想，我兒子必須動手術。這對我來說打擊真的太大，那一瞬間我覺得我的大腦跟身體之間彷彿斷了連結。顧不得當時才十二歲的兒子也怕得不得了，我的情緒不安到極點，在一陣語無倫次地詢問主治醫生後，我再也受不了，無法繼續待在醫院，我衝回家崩潰地跌坐在地上。

但從那天起一直到手術當天，我不斷地傾聽自己內在的聲音，深刻思考所有手術可能會帶來的後果，我對最糟糕的狀況已有所覺悟，所以手術過程中我全程陪在兒子身邊，即使當時他已經嚴重到不得不拔掉人工呼吸器，我先生因為看不下去奪門而出，但我仍舊堅定地看著這一切，因為我早已有準備。

事過境遷，就算現在，我也還是會先做好最壞的打算。雖然我的家人總勸我『別老想著是不是會發生什麼悲劇』，可是對我來說，比起接受意料之外的打擊，我寧可一開始就先做好最壞的打算，這種方式比較適合我。也因為總是先做好最壞打算，當好的結果發生時，我會打從心裡吶喊『真是太棒了！』」

露易莎（41歲）

§找出恐懼背後真正的原因

我有一位會逃避跟陌生人見面的高敏感族客戶。

從外人的角度來看可能會認為他是因為害怕陌生人，所以才不喜歡這種事。一般心理治療師出於善意常會鼓勵客戶盡可能嘗試跟陌生人見個幾次面，他們認為透過練習會慢慢習慣與陌生人接觸。

但這完全是不了解高敏感族的治療師才會給的建議。這種治療師可能會給客戶一個「找個陌生人很多的地點，練習跟陌生人接觸」的功課。

高敏感族逃避跟陌生人見面真正的理由，並不是因為感到恐懼，而是因為在與陌生人見面時，常容易感受到強烈的刺激，他們只是想保護自己免於刺激的干擾。當他們被迫處於與陌生人相處的壓力時很快就會疲憊，對事物的直覺跟掌握狀況的能力也會因此降低，對陌生人只會越來越沒有好感。

有不少高敏感族都曾接受過粗線條型心理治療師的治療，也有過治療師鼓勵他們從眾的苦惱經驗。他們被人灌輸了自己必須為克服缺點而努力的想法。比方說「說話前不用想這麼多」、「你要主動一點啊」，但這都會讓高敏感族的身心面臨多重風險。

我還可以舉出另外一個例子。

這是一位午餐時間無法到員工餐廳用餐的高敏感族告訴我的。心理治療師建議他：「你要盡可能頻繁挑戰那些讓你感到恐懼的事物，你得正面迎擊恐懼才行。」

這種方法用在積極進取的人身上很好，但用在高敏感族身上恐怕只會讓原有的問題更複雜。一方面也許是員工餐廳過於混亂吵雜，讓人無法好好待在那個環境；另一方面可能是用餐時閒聊的話題大多過於表面，怎麼樣都讓人提不起興趣。

高敏感族會責怪自己不參與閒聊，沒辦法跟大家一起開心。但當他們參與其中，假裝自己很開心的時候，他們扮演的是另一個自己，對陌生人的恐懼感也因此而來。許多高敏感族偏愛去附近充滿綠意的公園，一個人坐下來好好地用餐；也有些人是選擇留在辦公室裡。

高敏感族首先要做的就是喜歡原本的自己。為了避免讓自己受到過度刺激，必須從打理好周遭生活條件做起。只要能做到這一點，許多問題就迎刃而解。當你可以從容生活，你也會打從內心湧現想與人接觸的慾望，社交性也會逐漸展現開來。

理解高度敏感的特質，也懂得如何運用這份特質固然有好處，但也有必須要特別小心的地方。你得知道神經系統之所以會特別敏感，其實另有原因。

如果因為創傷而罹患創傷後壓力症候群④，就會跟高敏感族一樣非常多愁善感又愛操煩。有許多知道自己是高敏感族的人，即使罹患創傷後壓力症候群也從未想過自己必須接受治療。罹患其他精神疾病的患者也常有這種現象，而高敏感族也是會罹患精神疾病的，所以即使你是高敏感族，也要了解抗拒就醫不接受精神疾病治療的嚴重性。

人會想從悲傷中逃離，他們會因為不安而變得非常多愁善感。我的客戶延斯一直很苦惱一件事，只要妻子外出不在家，他的不安會強烈到近乎恐懼的程度。他也嘗試過認知行動治療跟藥物治療，只可惜成效不佳。延斯告訴我在他四歲時祖母過世，但是每個人都有失去親人的經歷，他本人也不認為失去祖母是他個人的特殊經驗。只是當我跟延斯進一步深談後才知道，他的母親是職場女強人，總是忙於工作也不太容易讓人親近，他的童年是在祖父母家度過的，祖母是延斯最親近的人了。當祖母過世時，延斯的家人因為不想讓幼小的他受傷，便刻意隱瞞沒讓他參加祖母的喪禮。

我讓延斯試著寫一封信跟祖母好好地說再見，寫信的過程中延斯數度難過得不能自已，但當他開始正視自己內心的悲傷，他好像又比過去更堅強了一些。當初延

④創傷後壓力症候群：PTSD，因為創傷事件而產生的精神疾病。例如經歷過戰爭的創傷、受到虐待、遭遇強盜或是親人亡故的經驗等，患者過度警覺且極度多愁善感。創傷後壓力症候群其中一個典型症狀是，就算早已記不清創傷事件的細節，但是創傷的痛苦記憶卻會不自主地在意識中重現。但它是可以治癒的疾病，因此接受適當的治療十分重要。

斯只知道自己是高敏感族，卻沒有特別察覺自己哪裡不對勁，當然也就不清楚自己其實有悲傷療癒的需求，所以總是無法得到最適切的幫助。

一個人如果可以正面面對童年的創傷就會變得堅強。但請別忘記，創傷有可能因為不合適的治療手段而加深。

高敏感族比一般人更容易罹患精神疾病，所以最重要的是不要認為自己「只是高度敏感而已」。高敏感族必須更悉心照顧自己的狀態，而不是把人生套用在高敏感族的刻板印象之中。

恐懼並非壞事，
正視背後原因才能跨出那一步。

心理問題 4

不善於排解憤怒的情緒

§ 纖細且具同理心，易受憤怒與爭吵的打擊

高敏感族很不喜歡憤怒這種情緒反應。

憤怒是種強大的能量。高敏感族一旦跨入憤怒的禁區，立場會突然變得黑白分明，因為憤怒，他們會暫時失去站在他人立場為人著想的能力。而其中一個特徵，就是連自己都討厭自己。

有些人或許認為一點小吵架不影響感情，反而會因為新

鮮感更促進情感的交流。但對高敏感族來說就不是這麼回事了，爭吵可能會破壞他們纖細的神經系統平衡，之後需要比一般人更多時間才能平復回來。

實際上，當高敏感族累積的憤怒衝到頂點，終於按捺不住而爆發時，可想而知下場總是一場糊塗，最後受傷害的反而是自己。

但問題是，盛怒之下的高敏感族會發現自己不只是待在自己情緒點上，他們敏銳到連對方的情緒都感受到了。因此，如果他們知道對方是因為自己而受傷，就無法對別人受到的苦痛坐視不管，最後終究傷了自己。這個傷痛太過強烈，甚至夾雜了罪惡感與羞恥心等複雜的情緒。

§ 誠懇又想太多，很不善於與人爭吵

像高敏感族這類感受力特別強的人在被人攻擊時，你會以為他們好像變得很弱。但事實上不是他們弱，他們只是單純不想抱持著「我想吵架」的態度罷了。

高敏感族之所以不善爭吵，其實另有原因。有些人害怕傷了對方，有些人則礙於倫理道德的束縛，不想為了贏而不擇手段。也有些人覺得吵到最後，發現重點早已不在所爭吵的內容，他們不想淪於人身攻擊。高敏感族的人心思敏銳，總是考慮著各種可能性，再加上無法與自己的價值觀妥協，會吵輸那種短時間內發生的爭吵也很正常。

「每次因為意見分歧而爭吵，到最後大部分都是我退讓，所以我常覺得自己很沒用！」

赫勒（57歲）

但有趣的是，如果吵架的時間拉長，高敏感族就有可能在爭吵中獲勝。

他們直接面對憤怒的第一時間或許會不講話保持沉默，但如果你給他們兩天，他們就能想通自己到底在想什麼、感覺到什麼、想要怎麼做、這次爭吵對未來是否有正面意義等等，高敏感族思考的面向可說非常縝密。

事實上，高敏感族偶爾也會打破自己設下的道德標準，但這也是為了讓自己能活得更自在、為了把這個世界打造得更貼近自己的理想而做的努力，我認為能打破常規的做法十分明智，也非常有建設性。

§ 無需勉強自己正面迎接對手的憤怒

我曾與高敏感族對談過無數次，也明白他們對憤怒總是抱持著疑問的態度。高敏感族幾乎都曾被周遭的人，甚至是被自己的心理治療師說過：「明明很生氣卻沒有任何反應，你這個樣子沒辦法凸顯自己的存在感，這是個很大的問題！」但根據我的調查，我發現高敏感族只是換了不同的方式來表達自己的憤怒。

「我的工作是在銀行服務台協助核准同事與客戶締結的房貸合約。因為同事已經答應客戶『我會馬上回答您』，所以他們常在下午三點才把合約送到我這兒，並要求我當天就得核發完成。但這麼一來我就不得不加班，打亂原本的步調會讓我非常焦慮，也倍感壓力，我實在不想這種狀況持續下去。但不管我跟對方怎麼暗示，總是沒什麼效果。我不是一個喜歡抓狂的人，所以我決定採取不同的方法。早會上我明確地表示：『請不要在上班時間快結束前才把工作送過來，拜託請給我充裕的作業時間！』另外我又說：『因為插入這個急件，其他的工作就不得不順延，這讓我沒辦法準時下班回家。』當我清楚表達了訴求，同事們也都贊成我的想法，後來這種急件就減少了許多。」

吉特（54歲）

冷靜且堅定地說出「不」、「我不想做」或是「這樣做不好」肯定比大吼大叫要來得有效。如果這麼說了還是沒達到效果，那麼請參考吉特的做法，明確地把事情的因果關係分析給對方聽，「就是因為這個原因，所以我希望你可以這麼做」。

接下來的例子，是高敏感族接受了「粗線條」治療師的諮商後發生的事。

「我曾經有一次很氣我的心理治療師，這位女心理治療師強迫我停止對任何事都小心翼翼的態度，她告訴我，只要我更有攻擊性，日子就可以過得更好。當時的我贊同了她的意見，因為我心裡也曾暗自想過，如果自己能更清楚地表達憤怒，是不是別人就會更懂我。但是現在我很清楚，當用堅定的語氣陳述完意見而對方還是不明白時，就算生氣也沒什麼用。我知道對方很可能根本沒有我期待的東西，或他們只是單純不想給，這種狀況不會因為我生氣而有任何改變。現在回想起來，我當時應該對這位心理治療師的建議勇敢說『不』的。就算大吼大叫看似達到了目的，但我一點也不認為這種做法就能有效果。」

亨利克（48歲）

亨利克的例子並不罕見，許多高敏感族都曾碰過心理治療師用一種莫名的優越感，彷彿把高敏感族視為原始人，並以他們「經過深思熟慮且有智慧」的方式對高敏感族「伸出援手」。

對高敏感族而言，捲入紛爭本不是明智之舉，在憤怒彼此衝撞下不但會讓他們受到強烈的刺激，神經過度激化的結果是很快就讓他們精疲力盡。

高敏感族進行自我內在對話的過程一旦被打斷，他們就束手無策了。我經常把自己在爭吵越演越烈時用的辦法，分享給情侶，讓他們替自己找出對策。例如一說：「時間到！」就跟對方先約好下次的時間，各自休戰去散步或是慢跑。

如果你是一個高敏感族，只要能暫時從爭吵中逃脫，你就會開始進行自我內在的對話，對自己跟另一半表達情感時必須把心靜下來。過去把枕頭當成剛剛激怒自己的另一半，捶一捶就可以洩憤；而粗線條治療師熱心提出「把憤怒表現出來」的建議，想必也是基於同樣善意的出發點吧。

不過，高敏感族如果以身體做出攻擊行動，別說是無法消除憤怒，反倒會讓自己更生氣。**這時還不如思考清楚自己究竟想對誰說出憤怒的心情，練習緩解緊張情緒才是真正的解決之道。**

§採取「責怪他人」跟「自責」之間的中庸行動

不愛與人爭執的人通常不會讓負面情緒外露，裝得一副沒事的樣子。他們或許常在內心對自己說「這沒什麼大不了」。

一般人心裡有什麼不痛快，通常不是「責怪對方」，就是「在內心責怪自己」，但是我認為應該要採取這兩個標準反應間的中庸行動。

所謂中庸的行動是指「只談涉及自己的部分」。也就是說把自己感受到的，用提供「中立資訊」的角度盡可能說明清楚。像「你壞了我的心情」或「我很容易受傷」這些說法都不是很有效率。

以下列舉中立的說法：

- **被人這樣看著，我會肚子痛。**
- **你說話能小心一點嗎？**

- **比起醃菜，我更想吃沙拉。**
- **我很重視兩個人一起做的決定。**

越是能說清楚自己不喜歡的是什麼，就越能把自己的事說明白，你也就越能清楚知道自己究竟想要說什麼。只要能把自己的內心剖析給對方看，就能加深與對方的關係。

短期來看，特別是如果你並不喜歡發怒，催眠自己「這其實也沒什麼！」是最快、最方便的逃避方法。但就長期來說這種想法很不好，如果無法好好表達自己的負面情緒，人際關係的發展只能停滯在表面，不滿一直堆積在心裡也十分危險。因此學會分清楚自己的界限，才能發展出真正健康的人際關係。

高敏感族無法拒絕別人不合理的要求，原因可能出自於自尊心低落。

「常有人對我說『不要什麼都忍耐著往肚裡吞，這種時候你就是要跟對方拍桌，人家才不會瞧不起你啊！』於是，我順從對方出於善意的建議，但是當我真的這麼做時，口氣明明該強硬的卻怎麼樣也硬不起來，聲音越來越小，小到甚至聽不見……仔細想想，這或許是我自尊心低落的關係。有時候，我的內心深處會產生一種自我懷疑，懷疑自己是否有權利活在這個世界上，我甚至覺得自己根本就是個『錯誤的人』，像我這種人，人家還願意讓我加入群體我就要謝天謝地了。所以，我總是警惕自己千萬不能再給人家添麻煩。可是，當我被迫必須表現出憤怒時，我卻感到異常恐懼，這並不是因為我沒有能力察覺憤怒，也不是因為我不知道該如何大聲怒吼。」

延斯（45歲）

像延斯這樣的人，沒有必要逼迫自己與憤怒正面對決。

即使周遭一股腦兒地勸他也大可不必理會，因為他真正應該面對的不是憤怒而是自我的價值。

§善用同理心，體會對方憤怒的感受

高敏感族有善用同理心應對對方憤怒的能力。

所謂的憤怒，大多是為了隱藏自己受傷的情感而表現在外的情緒。許多高敏感族都擁有察覺到他人隱藏的情緒的才能。

你可以把這項才能運用得更有建設性，如果可以在思考上連結到對方受傷的情感，我們就有能力順利轉移原本指向憤怒能量的矛頭，也就有空間將心思轉換到恢復心情平靜的程序。更進一步探討的話，憤怒的源頭其實潛藏了未被滿足的期待與要求。

所以，上述方法也適用於面對自身的憤怒。請把自己的同理心用在探索憤怒真正的原因吧！慢慢地或許就能把自己內心真正想說的話說出口。

貼近期望就能減輕憤怒。你可以試著具體地這麼問自己或對方：

對自己——「我對對方有什麼期待呢？」

對對方——「你現在期待我什麼呢？」

即使你的期待沒有被滿足，或對方也沒有想要滿足你都沒關係，只要把自己的期待化作言語說出來就好。若能認清自己的期望、要求或看清自己是如何依賴他人，與憤怒保持距離、訓練自己適度地受傷、學會運用同理心，是建立健康人際關係的一個法門。

憤怒的人基本上都是受苦的人，他們需要的是愛與理解。但如果你已經表達了理解與愛，對方的狀況卻依舊沒有好轉，甚至把氣出在你身上，繼續傷害你的話，這種過分的行為當然也是不能允許的。

有一種人，敏感者最好避免跟他們接觸。因為有些敏感者很容易受騙，卻仍願意繼續相信對方，就算討厭的事情接連不斷發生，他們也無法從事件的關聯性當中全身而退。或許他們在深深同情對方的同時，內心深處還是期待對方總有一天會為了自己而改變。這時候請試著練習讓自己保持客觀的距離來思考事情。

比方說每當腦中浮現出你喜歡的人時，試著想像，當對方站在你的立場時會怎麼做？那個人夠體諒跟尊重你嗎？如果答案是「不」，何不試著將情感稍微收回來一些，清楚告訴對方你的底線，並要求對方做出改變。

§別把「我應該……」給道德化

「我應該……」是在把各種事情道德化時慣用的句型。這個句型也很容易把自己跟旁人都道德化。

比方說，「我應該替孩子再多做一點的！」這就是對自己道德審判的常見範例，這是把憤怒的矛頭往內對自己的人身攻擊。

高敏感族較一般人更容易把自己道德化，他們養成只要未達到自己設下的標準，就立刻攻擊自己的壞習慣。

「爸媽都為我做到這個分上了，我一定得表現得更好才行！」

「剛剛爸媽打電話來的時候，我應該表現出更感激的樣子才對！」

如此對自己進行負面的道德審判，等同逼迫自己背上不必要的重擔。而結果就是讓高敏感族被過度激化，身心俱疲。

假如你說出下述的話，就可能把道德化的矛頭指向他人。

「你應該多替我想一下啊！」

更糟糕的還有像這樣的話：「我做這些全都是為了你耶！你應該要更感謝我吧。」

若能自覺到把事物道德化後產生的飄飄然（興奮）感，那就試著把這種對自己或對別人過度道德化的習慣，練習成只在你的大腦裡發生而不擴及到現實。這種訓練會非常有效果。

§把「應該這麼做」轉化為「如果這麼做就好了」

「願望」與「希望」的概念是可以區別的。

希望必須盡可能地讓它貼近現實，如果你內心懷抱著只在童話王國裡才能實現的期望，那不過是消磨你的意志跟能量，最終都只是徒勞無功。

比方說，我們都聽過那種心裡期待丈夫的個性總有一天為自己而改的妻子，現實中過著沒有愛的婚姻生活的例子。若能澈底放下期望，這名妻子的心靈就能被拯救，只要放下對丈夫的期待，就能決定是要面對現實、接受現實抑或是逃避現實。

相反地，「願望」就可以完全地不切實際。比方說已離世的人能瞬間回到自己身邊該有多好等等。

內心深處許下的願望，有時並不是自己可以決定的。比方說有人的願望就是想一直生活在大自然裡。喜歡黃色或喜歡藍色也不是自己意志去決定的，這種喜歡是傾聽內在的聲音後所找到的答案。某種程度上，也可說是你內心最深的盼望。

人生是由願望集結而成。當你過著與所求背離的人生時，面對求不得的願望自然會伴隨許多痛苦，此時正是單獨與內在悲傷深度交流的時刻，我認為與其掩蓋內心劇烈的痛苦，讓情感處於沒有太多起伏的灰色地帶，我寧可選擇觸及內心的悲傷真切地活著。

碰觸自己內心的願望，一旦願望實現的喜悅沒有被滿足，就會產生痛苦。而在你將自己和其他人的行為道德化的同時，也會碰觸到內在對自己的憤怒。

憤怒是一種外露於表層的現象，之所以持續感覺到憤怒卻摸索不出背後潛藏的纖細情感，有幾個原因：首先是因為無法意識到憤怒背後所隱藏的悲傷。或許是因為無法接受必須承認自己也有不知道的事，或是對事物無法產生影響力而衍生出的空虛感吧。只要心中的憤怒存在，自己就彷彿必須與什麼東西持續戰鬥似的，但越是奮戰越覺得對情緒的感受力變得越低。

對有些人來說，比起正視事件本身，藉由把怒氣發洩在年邁的雙親身上來轉移情緒，對維持心理健康還比較有幫助。但他們童年時並不會這麼做，他們會直接感覺到羞恥，然後與羞恥產生的失落感一起成長。在你接受現實的那一刻，憤怒會轉變為悲傷。

但慢慢地，你會發現悲傷其實有療癒的效果。悲傷的運作機制必須耗費很長的處理時間，身處在悲傷的漩渦比身心在怒火下更能感受到愛或是旁人的同理，畢竟憤怒的時候極少會有人願意理解你。**悲傷容易喚起旁人的關心，而憤怒卻只會讓人敬而遠之。**

試著把「應該要跟別人一樣才行」的心態轉變為「如果能一樣的話就好了」。也就是以悲傷取代原先的不滿；把「你應該多幫幫我的啊」轉變為「如果你能多幫幫我就太好了」，或更簡單地說「請幫幫我」就好了。

與其把「你應該、我應該」道德化，不如換個角度以「請求」作為溝通的基礎，我希望正在閱讀這本書的你，心情可以因此徹底轉換。

如果可以，請對自己或身邊的人舉一個你經常做出批判的例子，試著把原本的批判句改為「如果～的話該有多好」或「我其實希望～」的句型，再觀察對自我意識是否有起變化。這時所感受到的應該不再是悲傷，取而代之的是一股平靜。對心思纖細的人來說，感受平靜遠比感受憤怒要理想得多。

§超越憤怒，接受悲傷

內心突然產生的憤怒，背後往往潛藏了許多其他情感。藉由讓憤怒浮出表面，潛藏在底層的情緒就可以躲得很好，只要讓憤怒充斥整個場域，其他的東西就再也看不見了。

但是，正視這些憤怒背後的情感，其實才是真正有建設性的做法。將這些情感疏通到現實中充滿活力跟喜悅的地方，你或許會從中找到新的道路跟可能性。

憤怒會隱藏你想從現實中改變的希望，它更是為了剷除各種障礙而產生的巨大能量。你憤怒，是因為你正在與那份想改變什麼的心情奮戰，但不管你有沒有意識到它，這份無力改變的憤怒有時可能讓你試圖想要改變自己。

問題會發生在你沒辦法改變的時候。

你遷怒另一半，強迫對方數度道歉，期待對方改變本性等等，大抵都會讓自己與對方的人生痛苦不堪，你為了讓對方改變所付出的努力也都是白費力氣，因為人就是本性難移。

而你對年邁雙親遲遲無法消散的憤怒，實則隱藏了你內心真正的期待——當年如果不是這樣就好了。你心裡期待著某種奇蹟發生，可以讓你重新獲得童年時求之不得的東西，你期待父親或母親改頭換面，好讓自己活在童話世界裡的幸福中。

直到你能親眼確定自己失去的一切，在接受現況的勇氣產生之前，這份憤怒會一直持續下去。要等到你終於能放下這看不見未來的戰鬥的那一刻，憤怒才會轉變成悲傷。

悲傷與憤怒不同，它最大的好處就是喚起旁人的理解與同情，有人願意對你伸出援手。**悲傷是一個必經之路，當「健康的悲傷」持續一陣子後，就能夠從失落感中釋放，擦乾眼淚，開始找尋新的可能性。**

另一方面，也有些人的憤怒無法順利轉為悲傷，反而轉變為極度不痛快的情緒，終其一生持續著這份不快。

憤怒背後包藏著的期待交織在各式各樣的人際關係當中，例如：已分手的伴侶、兄弟姊妹、雇主等等。

一旦意識到自己正在與期待奮戰，要找出一條更簡單的道路也就不難了。為了從憤怒中看到希望，並且把希望轉換為現實，你能做的就只是改變現況，或是藉由放棄期待重新獲得自由。只有這麼做才能做好人生再出發的心理準備。

若能夠自分手的伴侶或童年的創傷中解脫，你就能將雙親及他人視為一個有優點也有缺點，跟自己一樣的凡人。

我們無法讓童年重新來過，也無法讓時光倒流；夫妻關係就算再努力也無法重新開始，但當我們放棄想擁有他人也沒有的東西、捨棄想改變對方或現實的想法，你的人際關係也會因此徹底改變。

憤怒代表你想改變的心情，
更是為了剷除障礙而產生的強大能量。

第3章

向外溝通：
與「遲鈍的人」好好相處

方法 1

告知對方自己是高敏感族

「我是高敏感族的這件事，究竟該跟誰說呢？」

這個問題在我演講的時候經常被問起。平心而論，我認為讓身邊的人知道「自己是高敏感族」跟「身為高敏感族實際上究竟是怎麼一回事」會比較好。

當中有人因為跟職場上的同事傳達了自己是高敏感族後，工作起來變得更順手，知情的上司也比從前更能體諒、關心自己。

但也有人說了之後仍無法取得對方諒解，反而被當成不正常的人，懷疑他們只是想減輕工作負擔、想偷懶才這麼說的。

我自己在說明時極少直接使用「過度敏感的人（高敏感族）」這個字眼，而是用「自己需要什麼」、「擅長什麼」跟「不擅長什麼」來表達自己的狀況。

最重要的，並不是讓其他人知道「我的特殊才能跟限制，都是拜高度敏感所賜」，而是讓他理解什麼是高敏感族，這個世界上有一群這樣的人存在。因為這樣，我能完全地接受真實的自己，甚至我也有勇氣加入那些認為我很不可思議的人群之中。

讓對方了解你，
知道這世上也有其他人和你一樣。

方法2

明確傳達自己可承受的界線

學會怎樣拒絕別人，對高敏感族來說是很重要的事。

事先知道自己能承受到什麼程度，明確拉出一條心理界線，快要跨越這條界線時就得說「不」。如果你很不擅長劃清心理界線，那麼學會它就更顯重要了。

如果沒辦法清楚立定界線，你就會每天都面臨極限被挑戰的過度刺激，這對原本承受度就比較低的高敏感族而言非常辛苦，因為就算對積極進取的人來說是件小事，也可能為高敏感族種下麻煩的種子。

「我每兩個月會跟住在兩百公里遠的同儕視導夥伴見面（peer supervision——同為從事社會福利工作的人互相給予回饋），每次見面的地點都是在我家。

因為如果要我去對方家，我大概到的時候就已經累得半死，也剛好對方對長時間駕駛並不以為苦，反而還覺得能放鬆。我們每次見面的時間大約三個小時。但是這三個小時當中，我會在中途需要一個人的放鬆喘口氣的休息時間。

明明對方為了來我家得一大早就起床，但他好像都不太需要休息。看到他這樣，我就會在心裡想要是我也不用休息就好了。但最困擾我的是，如果沒有中間的休息時間，我很容易受到過度刺激，最後的三十分鐘，我常沒辦法好好地聽清楚對方在講什麼。」

洛蒂（45歲）

我猜你應該也常會面臨這樣的窘境吧。一方面不想給周遭的人添麻煩，但又為了不讓自己過度受刺激，避免身體出狀況，你總是得隨時留意自己的敏感程度。

何不把你所面臨的窘境說出口呢？

「如果讓你感到不愉快我很抱歉，我們可以早一點結束嗎？因為我可能撐不了那麼久，我已經累到沒辦法把你的話好好聽進去了。」

「如果你要再繼續的話也沒關係，只是我累壞了，我擔心明天可能就沒辦法工作了。」

「這麼棒的對話被我打斷，真的很過意不去，但我覺得在精疲力盡前結束，對我們彼此都好。」

你或許也曾有過這樣的經驗。去了某人的聚會，光是想有沒有什麼妥當的解決對策就讓你夠累了，結果忙了半天，要離席時還是沒辦法好好跟對方講出剛剛已經想好的說法。

這時候你要不就急急忙忙地從玄關離開，要不就是一邊在心裡祈求著「千萬別讓任何人發現」，一邊躡手躡腳從後門悄悄地離開現場。

但如果你能開口清楚地傳達給對方自己真正的想法，當下的窘境自然就能化解，同時也能讓對方感受到你的堅持。

劃清楚界線，
才能免於自己不斷地受刺激。

方法3

事先約定好休息跟結束的時間

來自己家玩的客人就算久坐，臉上也不能表現出不耐煩，在客人說出「我們差不多也該走了」這句話之前，就得繼續端出咖啡招待——認為這樣才有禮貌的大有人在。

這種待客之道實在是讓我們高敏感族不知所措。

高敏感族當中的確有人因為害怕客人久坐不走，怕自己過度疲勞因而不敢招待朋友到家裡玩。我自己花了好幾年時間反覆摸索，終於能事先跟客人約定好來訪時間（待幾個小時），如今這已經變成一個習慣了。

跟我相熟的朋友們都知道我很容易受到過度刺激，長時間在一起時，中途總是會很自然地在各自的空間休息。但即使到現在要講出自己希望對方怎麼做還是需要勇氣。所以有時候，特別是人很疲倦的時候，我就變得畏畏縮縮的，結果竟說出：「我不需要休息」這種違心之論。

疏於自我管理的結果就是完全喪失專注力，搞得比平常更累，疲勞甚至累積到隔天還無法消除。只要讓對方清楚知道「雖然我比其他人容易疲勞，但如果是人數較少的小型聚會，時間不要太久的話，我其實很喜歡跟大家一起」，肯定能改善這個狀況。

勇敢地先開口，
讓雙方都自然又自在。

方法4

接受自己能力有限的事實

敏感特質最讓人感到艱難的時刻，就是不得不說「不」的時候。

不管經過多少年，應該很多人會對那個始終沒辦法融入人群的自己感到沮喪吧。這樣的人應該不在少數，即便心懷不滿也無法說出「不」字，勉強自己去應付讓精神徒增負擔的人際關係。會勉強自己這麼做，一方面是因為無法接受自己的界線，或拋不開「相信自己應該也能跟其他人一樣」的心情。

「我終究還是無奈地接受了自己有時就是沒辦法忍耐的事實。但就算事實如此，我也不想承認自己無法跟別人一樣。而且答應了人家卻做不到，我自己也會很不好意思，只好假裝沒事繼續做下去，使盡全力的下場就是搞得自己頭昏腦脹，原本想多跟人接觸的意願也減退了，在那之後有好幾天我會完全提不起勁，心裡難過個好幾天。」

赫勒（31歲）

只要心存著對自己或他人的憤怒，就得持續戰鬥下去，直到你誠實面對自己能力有限的事實，明白每個人的能力本來就不同，此時，憤怒會轉為悲傷——不得不放棄自己心裡想做的事情的悲傷感。

有些高敏感族會說常常覺得自己好孤獨。

「反正我也清楚自己到最後就是會受不了，所以朋友們不再來約我，把我排除在外也是常有的事。通常只要聚會減少，我的狀況就會好點。但有時不免還是覺得自己一個人好孤單。比方說在辦公室裡，看著同事們聚在一起開心地談笑，經過他們身邊的那一瞬間，我突然覺得好寂寞，那種胸口隱隱刺痛的感覺，我也好想加入他們……」

馬丁（40歲）

一旦自覺到自己是高敏感族的事實，那種無力跟悲哀感的確會持續好一陣子。你內心或許還是會渴望「如果我跟其他人一樣堅強就好了」。

但請不要忘記，上帝在你眼前關了一扇門的同時，祂往往也幫你開啟更多扇不同的窗。停止想要成為「跟多數人一樣堅強、積極又充滿能量的人」的想法，接受現在這個敏感、感受力強的自己，畫出最適合纖細自己的人生藍圖。

你不需要拚命壓抑自己，不用勉強自己配合太快速的步調，也不必被身邊的人

影響。你，可以很幸福。

實際上，高敏感族只要在合適的環境，可以比一般人過得更好。

不用壓抑自己、勉強自己，
生活可以很順心。

方法 5

適度休息，別讓自己陷入溝通的漩渦

你是否有過覺得快被他人的言語淹沒的經驗？都還說不出「請讓我休息」，就已無法再理解對方到底在說些什麼。我碰到這種狀況時，光是忙著別讓自己鼻子進水，想著要活下來，別連命都丟了就不錯了，哪還有其他餘裕考慮別的。

如果想避免自己被言語的洪水淹沒，找不到退路被逼至絕境的話，就必須要休息。只要休息，你就能保有傾聽自己內在的餘力，可以好好思考自己想講什麼，想做什麼。

在陷入這種狀況之前，我們可以先想好幾個對策，以下是我的建議。

- 溫柔且堅定地說出：「請等一下。」可以的話，請將視線朝下並舉手比出拒絕的手勢吧，給對方一個暫停的訊號。但如果對方繼續講個不停，不打算讓你休息的話，再說一次：「請等一下。」清楚地告知對方：「我還在消化你剛剛的話。」或「我需要一點時間想想，等我準備好要聽的時候我會講。」
- 告訴對方：「我沒辦法把你的話聽進去。」
- 「不知道為什麼，我覺得好像發生了讓我有點不愉快的事，你可以幫我看看嗎？」（但這個方法只適用於對彼此有好感的人，如果雙方沒有確認彼此關係的意願，這個方法就不成立。）
- 就好像覺得累時感應器會響一樣，請你設定好行動電話裡的鬧鐘，鬧鐘一響就這麼說：「等等我就要走了喔。」

尋找適合自己的對策，
免於沉入痛苦的漩渦裡。

方法6

溝通時，不要任由單方發言

高敏感族原本就很容易與人對話而疲勞，有時更會因為溝通而被過度刺激。他們總是仔細傾聽對方說話，很自然地和對方產生相同情緒。也因為這個特質，他們很容易被想抒發不滿情緒的人當作發洩的出口，也導致高敏感族一天所需的精力突然間迅速地被對方消耗殆盡。但這實在是太可惜了。因為想傾聽誰說話、想花多少時間在對方身上，進行什麼樣的溝通，或想把精力放在哪種人際關係上……每一個選擇對高敏感族來說都非常重要，因為他們的精力有限，得好好分配，放在有意義跟有價值的事上才值得。

對於經常扮演傾聽者角色的高敏感族而言，最重要的事是傾聽對方說話。但我認為如何把自己的想法好好說給對方聽這件事也不能忽視。表達自己想法的同時，也能避免本身接受過度刺激。

除了要好好聆聽對方說話，更要找機會讓對方知道這些話會為自己帶來何種影響，而自己又是如何看待這件事。

另一方面，若把自己的想法跟感受化成語言，對方接收到這些訊息後的反應也是很重要的回饋。特別是對事後總愛想東想西「對方到底在想什麼啊」的人來說更是如此。最要緊的，溝通要像玩接球，一丟一接才會有意思。要不然自己寫日記就開心了不是嗎？

傾聽很重要，
但也要把自己的想法化為語言。

方法7

要達成溝通，彼此都要有「回應」

如果要避免敏感者長時間傾聽的獨角戲發生的話，最好的方式就是，聽完對方講話時回饋給對方，對方聽完我的話之後也回饋給我，這種一來一往的方式有助於提升溝通。

如果能掌握一般溝通時可能會有的反應，任何狀況下你都可以做出對方期待的反應。然後，請努力開口，把自己的反應傳達給對方！同樣地，當對方說話時，你也可以請對方給你回應的空間。

談話的內容越是牽涉個人，對方的反應也就越重要。而對方的反應可分為：接受、共鳴、確認自己的影響力、擴展話題、想知道你有認真聽他說話等五種。

§對方的反應① 接受

最期待的反應，應該是自己所說的話是否被接受吧。

「最近好累喔，我最近真的心情超差。」

想想你對某人說這句話時的場景吧。這時候，如果對方說：「你看起來的確是累壞了呢！」或「謝謝你老實跟我說」，是不是會覺得很窩心呢？

如果對方沒特別說什麼，試試看直接這麼問：「你覺得呢？」

如果你是負責傾聽的一方，請試著這麼問：「你想知道我是怎麼想的嗎？」

我曾讓參加講座的人做個功課——回家後，詢問三個人「你覺得我這個人怎麼樣？」當我再見到那些人時，他們告訴我「這真是個很棒的體驗」，他們在練習後受到很大的鼓舞。有些人甚至說：「詢問好友對我的看法，是我這幾年來最棒的一次體驗」；也有人說：「對方說的話讓我非常感動，讓我下定決心更積極地面對自己。」大多數的人變得更肯定自己，也變得更有活力。

越能在「別人肯定是這麼想我的吧！」的想像與現實之間取得平衡，就越能在這個世界好好活下去。

但不可否認，有時候問別人怎麼想自己也有可能得不到好的回應。有些人甚至會擔心，問這種問題搞不好讓別人以為你自我感覺良好，那可就麻煩了。若會擔心的話，不妨試試下面的安全問法！

「是老師叫我去找三個人問的，所以拜託你跟我講啦！」

§對方的反應② 共鳴

第二個會被期待的反應是「共鳴」。

每個人會想知道對方是否站在自己的立場、或是否有心站在自己這一邊，也能理解對方若說出自己剛好也想講的話、心有靈犀時會有多愉快。所以我們當然知道對方講什麼最能討我們歡心。

「真是辛苦你了。」

「我要是碰到跟你一樣的狀況，可能也會為了想讓事情順利進行而焦慮得要命！」

聽到這樣的話，你或許可以這麼說：「是不是？我也是這樣想啊！」

對方知道有人懂自己的感受時也會鬆一口氣，這時候你可以這麼說：「正確來說並不是這樣的，其實應該是這樣的……」

不管如何，知道有人了解自己總是會覺得很溫暖，就算對方不是真的了解也沒關係。

如果對方無心想了解你，你可以這麼問：「如果你是我的話會怎麼做？」

假設對方還是跟你沒有共鳴，你可以這麼說：「我要是你的話，一定會……」

§對方的反應③ 確認自己的影響力

第三個會期待的便是自己所說的話對旁人產生什麼影響，也就是想知道自己這麼說時對方會怎麼想。

對方的開心、沮喪或是悲傷都取決在你。如果對方的反應不太自然，你可以試著這麼問。

「你被我這麼說時，在想什麼？」

「聽到這樣的話，你有什麼感覺？」

§對方的反應④ 擴展話題

第四個會期待的反應，就是聽到有人說「請再多說一些」。

如果對方沒有跟你說「請再多說一些」的話，你可以自己主動先說：「我要開始講了，如果你中途提問的話，我會很開心！」如果狀況相反你也可以問對方：「我可以中途提問嗎？還是你想先講完，不想被打斷？」

§對方的反應⑤ 想知道你有認真聽他說話

第五個就是，對方想知道你有在聽他說話。

大家可能會覺得這建議很「無聊」，但這卻是非常重要的。偶爾我們會懷疑自己講的話對方有沒有聽進去或是到底有沒有聽懂，這時你可以用這種方式確認：「你說看看我剛講了些什麼！」如果狀況相反，你不妨提議：「可以讓我重複一下剛剛聽到的話嗎？這樣可以確認我有沒有聽錯。」

婚姻諮商時，治療師通常會要求夫婦或伴侶做「重複另一半講話」的練習。

你或許覺得這練習看起來沒什麼，但我可以告訴你這真的很重要。聽的一方如果能清楚說出對方剛剛話裡的重點，說的人就知道對方有聽懂自己講的，同樣的話就不需要一直重複。

我在進行諮商時也經常重複諮商對象說的話。這是為了放慢對話速度採取的手法，這個方法對難度較高的談話內容或必須謹慎進行的治療特別有效。

① **接受：**你是怎麼想我這個人的？

你想知道我是怎麼想你的嗎？

② **共鳴：**如果你是我的話，會怎麼想？

我如果是你的話，一定會……

③ **確認影響力：**我這麼說的時候，你在想什麼？感覺到什麼？

你知道當你這麼說時，對我有什麼影響嗎？

④**擴展話題：**我先來講，但你中途提問的話我會很開心喔！

你希望我中間提問嗎？還是你想繼續講，不想被打斷？

⑤**表示認真傾聽：**你說看看我剛剛講了什麼！

我來重複下你剛剛講的話，確認講得對不對。

如果你覺得上述的技巧做起來很難，不用擔心，因為有很多人也這麼想。克服這些困難需要練習很多次，也並非所有關係使用這個方法都會有效果。

傾聽後回饋，

一來一往的方式才有助於溝通。

方法 8

適時區分「深度溝通」或「表層對話」

高敏感族喜歡加深對話的層次。

若對話太過於表面，就很難長時間地保持興趣。所以有時候他們會被迫裝出很有興趣的樣子。

但換句話說，如果你想讓對話層次停留在表面以加速事件進行也是可行的。就好比當你發現對話過度刺激且快超越你的界線時，避免讓對話層次加深（減少刺激）也是個不錯的選擇。

§ 想進行深度溝通時

最簡單的方法就是把嘴巴閉上，沉默會讓對話層次加深。我經常在諮商過程中稍稍地沉默一會兒。不過，在這之中也有人害怕沉默的氣氛，急著說話。這種狀況下話題自然無法深入，整個溝通會停滯在表層也更加雜亂無章。

想進行深度溝通時，要求對方「請說具體一點」是個很棒的方法。話題的具體程度一旦增加，就會有情緒融進來。

假設我說：「是沒錯啦，但大家的回答好像有點簡單？」

這時別人就會這麼問了：「你最近有這種經驗是什麼時候？」

因為感受到得把話說得更清楚的必要性，所以我這麼說：「大概是昨天朋友打電話給我的時候吧。那個人好像對我在做什麼一點興趣也沒有。」

這時候，我察覺到自己對那位有點冷淡的朋友有點情緒了。淡淡敘述時講的話或許不太會帶有情緒，但是把談話內容講出來時情緒就藏不住了。

想加深溝通時，只要把談話內容說得更具體清楚點就可以了。但相反地，如果想把談話維持在表層，或不想讓對話繼續下去時可以試試後面方法：

§想進行表層對話時

不想太深入話題的話，就盡可能精簡地回答。

比方說，我說：「我好累喔！」對方只要簡單回答：「每個人都一樣啊！」累不累的話題也就聊不下去了。這種對話方式其實也不錯，因為當你聽到其他人的感覺跟你差不多，就會比較安心，也不會覺得問題出在自己身上。

這種手法在我當牧師跟心理學講師時也常常用到。牧師經常要主持喪禮，跟家屬確認喪禮程序、挑選儀式上要唱的詩歌、撰寫追述亡者生平時需要充分收集往生者的資訊。為了避免內容太過於私人領域，我通常會精簡說明並保持一個合適的對話模式。

我不會在喪禮進行時追問家屬們的悲傷或憤怒等深刻的話題。進行深度溝通的最佳時間點肯定不會在喪禮進行中，而是等喪禮結束另外找時間拜訪家屬才對吧。在悲傷難過的場合上，比起對家屬說「現在提這話題可能不太方便，但……」簡單明瞭的對話反而比較不失禮。

我也在終身教育中心教授心理學，但我不認為選修這門課的學生會想要公開談論太過私人的話題，人數較多的班級也同樣不合適。

適時適地地選擇，
當下最需要的溝通方式。

方法9 加深溝通層次的四階段

與人溝通的方式可分為四個階段：閒聊與表層對話、針對有興趣的部分聊、信賴、嘗試直接詢問對方。

§第一階段 閒聊與表層對話

在這個階段，話題經常變來變去。

就好像蝴蝶在花叢間飛來飛去一般，一個話題才剛談到馬上又轉到另一個話題，在話題與話題之間反覆。這種談話方式的好處是可以立即從原本的對話中抽離，或迅速加入新的對話，閒聊也是一種藝術。

外向的人容易敞開心房，輕鬆享受與人對話的愉悅，有什麼不滿通常也能迅速調適；但許多高敏感族在閒聊階段就已經問題多多，有些人甚至很明顯地感覺到「怎麼聊個天也這麼難啊！」有這種感受的人應該學習掌握「享受閒聊的規則」，而規則其實非常簡單——把感受到的事立刻說出口就好。

「下雨了。」

「這裡好冷喔！」

「這是什麼味道？」

「好好吃喔！」

「你這雙鞋子好好看喔！」

許多高敏感族對長時間持續這種不著邊際的閒聊非常不耐煩。雖說把腦容量用來裝些沒意義的內容有點可惜，你想要多聊些有深度的想法也沒有錯。但不可否認的，確實有很多人學會如何閒聊後的感覺都還不錯。閒聊原本就是與初次見面的人混熟的有效工具。聊天聊得愉快，自然能與他人建立連結。閒聊能幫助一個外來者在陌生環境中打破沉寂氣氛，用來找尋自己與對方之間的共同話題也十分有效。

反正是閒聊，想聊就聊，想停就停。即使是不擅長閒聊的人，也請一定要試著練習。

§第二階段　針對有興趣的部分聊

這階段會聊些彼此都共同關心的話題。

諸如交換資訊、發表意見、爭辯政治理念或育兒等等你們最關心的議題，有可能兩人的立場一致，共同歸納出一個結論也說不定。

有些人到這個階段彷彿如魚得水，他們熱衷於透過聊天來交換意見、吸收新知，甚至透過激烈的討論讓自己得到活力。

大部分的高敏感族都喜歡與聊天對象針對共同話題進行知識交換，但他們卻沒興趣加入充滿挑釁的爭論。

第二階段也稱之為：「身分階段」。在這個階段我們會針對工作、居住地、是否有伴侶等進行資訊交換，並藉由「身分」的力量發言。

因為有母親的身分，女性可以對幼稚園或幼兒園老師陳述自己的意見；護理師因為有護理師這個身分，所以能對患者在醫療方式上提供建議；畫家也因為有畫家的身分，有能力對選色提出建議。

有自信的人會在這個階段獨占發言權，剩下的人可能就只能聽。但如果因為插不上話感到沮喪的話，只要練習讓自己多發言就好。

有時難免會碰到每個人都想講，然後發生爭奪發言資格的狀況。要高敏感族在這種狀況加入討論幾乎是不可能，他們不是因為反應太慢抓不準發言時機，就是太有禮貌而不好意思插嘴。

高敏感族在什麼空間裡會最耀眼呢？想必是一個不管什麼樣的人說什麼樣的話，眾人都有興趣聆聽的空間吧。理想的狀況是社會都重視這種傾聽的文化，現實世界也可能真有這樣的空間。但別忘了這世上的確也有不在乎自己的發言是否會造成他人困擾的人，只要高敏感族在發言前先有此認知，就能調整好心態，進而改變溝通的品質。

不過，第二階段還不會流露出自己的情緒，情感的傳達多半發生在第三階段。

§第三階段　信賴

與人共享對第三者或對事物的情感或感覺，察覺彼此的內在。（對跟自己在一起的人或事物表達暫時性的情感，在第四階段才會發生。）

比方說談論你的童年、夫妻關係、對同事或他人的感覺，也可以開些無聊的玩笑或八卦。我們可能在開玩笑或講八卦的過程中相互幫忙，或找到答案。但第一步就是找一個特定的對象，告訴此人你對他的想法。

對人說出自己內心深處的最真實想法，有時不見得是件舒服的事。你肯定會陷入一種彷彿得把自己背負的重擔卸下給人看的感覺。會在這個階段受挫，表示你內在有某個地方覺得自己很丟臉，不想讓別人看到。

受人信賴不一定是個舒適的過程，尤其是當你期待對方能成為你的夥伴時更是如此。而若是你受人信賴的時機，是在過度激化或刺激就快衝到界線時，那種感覺會特別不好受。

§第四階段 嘗試直接詢問對方

這個階段要說的正好是此時此刻發生在我們之間的狀況。

如何界定彼此關係？直接跟對方問這種事對你來說或許是非常強的刺激。

在這階段你會注意到對方對你的意義，這會讓你感覺心靈彷彿被洗滌一般。

如果有人對自己的戀人說：「我愛你。」代表了這兩個人處在同一個階段；但如果一個男人對妻子說：「妳再用這樣的眼神看著我，我就不想再跟妳在一起了！」這同樣也代表了兩人處在同一階段。

當然也有完全不會陷入第四階段的人，但也有人在人生中有好幾次都栽在同一階段。這些瞬間的記憶會殘留在心裡，並在往後不斷地回想起這些記憶。在這個階段人與人之間的接觸或許有些危險，但同時也為你帶來活下去的動力。

因為實在太直接了，你擔心對方會因此而受傷，或者你也害怕傷了自己。

但如果你選擇逃避，不願意面對這個階段，這極可能會讓你與他人之間的關係陷入單調且毫無活力的停滯。

§ 往下個階段前進的方法

假設你在第一階段說：「今天的陽光好燦爛啊，這真是太棒了！」那麼，該如何進行這段對話，並將話題變得更具體呢？

第一階段到第二階段：針對一個話題多說一些。例如延續天氣的話題往下聊，或是另外開一個完全不同的新話題。如果話題是食物，跟對方交換食譜或推薦店家就很好聊。

第二階段到第三階段：你可以多說一些跟自己有關的事，與對方建立起信賴關係。也可以問一些比較具體的問題。像是：「你跟那個人好像處不太來耶，是不是發生了什麼事呢？」

第三階段到第四階段：首先，你得先探探對方是不是也對你有興趣。這會讓對方有一點點準備的時間。以下列舉了幾個可以試看看的例子。

「我想跟你聊聊彼此是怎麼想的，可以嗎？」

「我想聊聊與你之間的關係，你想聽嗎？」
「你能不能讓我知道你是怎麼想我的？」

如果你有能力明白當下的對話正處於哪一個階段，你就能了解對話為什麼無聊，跟怎麼讓溝通變有趣。如果能把對話推進到第四階段，原本毫無朝氣的人際關係也會因此變得更有活力、更加踏實吧。

但是要注意的是，這四個階段其實都忽略了非語言溝通技巧。尤其很多高敏感族並不靠言語交流，他們就算什麼都不說還是能建立起既親密且深厚的關係。

要讓人際關係更活躍，
想辦法讓溝通更有趣是個不錯的方法。

方法 10

選擇理解高敏感族的人作為伴侶

許多高敏感族選擇一個人生活。

高敏感族獨自生活比較容易得到自己想要的平穩與安寧。但有時也不免感到孤獨，這是個令高敏感族左右為難的窘境。

「我好想談戀愛，但只要一想到以後我得陪他參加家人之間的聚會，頭就痛得要命。我好擔心自己不能配合的事情太多，會讓我對他感到內疚。」

漢妮（45歲）

另一方面，有些高敏感族沒有選擇一個人過，而是與伴侶共度婚姻生活。但無論時間上或其他狀況，還是常會聽到高敏感族感嘆：「沒有自己一個人獨處的時間，讓我好累啊！」

「我如果只分擔一半的家事跟育兒工作，我太太就會很不高興地大吵大鬧。我不喜歡她太情緒化，她來跟我吵時真的會讓我神經崩潰。所以再怎麼樣，我一定會努力地把自己分內該做的家事做好。

但我常有種被太太整的感覺。最糟糕的狀況，受到過度刺激的我幾乎覺得身心要『斷線』了，這時候真的會讓我很想要永遠休息下去。

待在我自己的工作室，可以讓我獲得暫時的片刻寧靜，所以我非常喜歡待在這裡，但這種平靜的時光通常持續不了多久，因為我太太常會叫我去做家事，再不就是要我去工作室時至少帶上孩子一同前往。」

賈斯伯（35歲）

如果擁有一個理解也尊重敏感特質的活潑外向伴侶，兩個人共同生活應該會非常美好。有這樣的伴侶陪伴，出門一定是他自己開車，採買購物也會挑最重的袋子提，也不排斥陪孩子參加體育活動。當高敏感族的另一半睡不著需要人擁抱時，好睡的伴侶就算被吵醒也不會面露不耐。

儘管他們心裡明白要顧慮高敏感族另一半的心情，但不管是必須跟人接觸的場合，或需要體力的工作，還是有不少人會不經意地嘆氣說：「你每次都撐不了多久就累了，還好有我天生體力好啊！」

像這類誇示自己能力的發言總是會讓高敏感族難過，他們會覺得是自己拖累了另一半。這些人或多或少會出現壓力症候群，當中還有人最終選擇了離婚，這是個困難的決定。

「我先生的情緒起伏很大常搞得我神經緊繃，我實在忍不下去了，最後我還是決定離婚。這真的很痛苦，還讓身邊的人為了我難過，我最不想要的就是讓身邊的人難過了！」

琳內（42歲）

但也有高敏感族跟高敏感族共結連理的案例。

「儘管前兩次的婚姻都失敗了，第三次我終於找到真正契合的伴侶。旁人看我們的婚姻生活肯定會覺得很無聊。我們兩個大部分時間都窩在家，因為我們都不喜歡開車。我們在一起時雖然一句話也不說，卻還是能感受到彼此深刻的愛，如果對象是我太太，我可能可以把連我自己都不知道的內在全部倒出來給她看。」

伊根（62歲）

有個契合的伴侶，
是高敏感族最大的幸福。

方法 11

不過度勉強自己教養孩子

有些高敏感族選擇不生孩子。因為高敏感族成為父母會非常辛苦，只要有了孩子就更難擁有一個人獨處的時間了。

「我很需要休息但卻沒有時間。偶爾稍微坐一下喘口氣正想上廁所時，女兒馬上就大聲喊『媽媽！媽媽！妳在哪裡？』」

瑪雅（38歲）

一位來參加講座的學員告訴我，他不得不要求他十幾歲的孩子搬離家。那年紀的孩子只要待在家裡就是會發出很多噪音，常會搞出一些難以預期的狀況。

只是心思敏銳的高敏感族大多具備了身為父母親應有的資質：關心孩子、具有敏銳的洞察力、了解孩子的需求、也很能體貼孩子。為了當個好父母，只要能力所及他們什麼都願意做。

但高敏感族對於自己該有的父母形象，總是設下了非常高的標準。承認自己沒達到原本設下的標準，對他們來說簡直丟臉到家。他們會為自己沒有達標而沮喪萬分，天生擁有的同理心在此時也會消失得無影無蹤。

問題在於他們太盡心盡力了。這時候如果是夫婦兩人一同扶養孩子，就應該適度分攤這些重責大任，輪流休息；但如果你是一個人獨自扶養孩子，那麼最好盡可能取得旁人的支援。

我自己就是有兩個孩子的單親媽媽，現在的社會，任何人都有可能成為單親媽媽或單親爸爸。

但我常對自己當母親的能力不足而感到丟臉。沒辦法每一次都出席親師座談會，聽到「別的媽媽早上都會為孩子烤麵包」這種話也讓我心痛得不得了，因為我的孩子很小就學會自己起床去上學。但其實我也很想替孩子做同樣的事啊。

只是，如果要我送兩個孩子去學校，就得在預定時間內起床準備，這讓我累積了不少壓力，也很有精神負擔，孩子去上學後我更得花費一段長時間才能恢復到正常工作的狀態。

某天早上，我跟孩子們說：「請讓我安靜地度過早晨。」然後我就戴上耳塞，我躺在床上聽見孩子們出門上學的聲音。那天早上我過得比平常任何一天都要來得舒暢。但有次我擔任牧師的那一區教區議會的人問我：「妳到底都幾點起床啊？」當下我真的覺得丟臉，連一個字都答不出來。

儘管到現在，當我無法為孩子多做些什麼的時候，我還是會很難過，但事情就是這樣。我不是在生自己的氣，我為我兩個已長大成人且獨立自主的孩子深深地感到驕傲。

孩子或許是壓力來源之一，

但請別讓自己背負罪惡感。

第4章

面對自己：與「敏感的自己」好好相處

方法 1

享受自己得天獨厚的能力

如果你沒幫自己的人生保留一些享受高敏感族優點的機會，就實在是太可惜了。為了從敏感中激發最大限度的快樂，最重要的是你一定要把握享受敏感特質的機會。

你可以從下列項目中選出自己喜歡的，並盡可能創造這樣的機會。

- **親近大自然。**
- **保持創意。**

- 什麼都不做，把時間用來思考。
- 做有益身體的事情（跑步、跳舞、按摩、游泳、泡澡或泡腳）。
- 給感官快樂的刺激（買束自己喜愛的花、品嚐好吃的東西、把能讓心情愉悅的物品放在身邊、聽喜歡的音樂等）。
- 跟寵物玩。
- 寫日記、寫文字記錄心情。
- 看藝術展覽，或者自己創作藝術作品。
- 建立深厚且高品質的人際關係。

許多高敏感族能從日記、音樂或藝術的自我實踐中獲得極大的喜悅。其他還有很多方法，也請從書末附錄的「給高敏感族的好點子清單」，尋找讓自己更喜悅，更有安全感的線索吧！

此外，很多高敏感族都喜歡水。舉凡用喝的品嚐，還是泡澡或游泳都會對高敏感族起很好的效果。我幾乎每天都會泡腳。我很喜歡把腳泡在熱水裡的感覺，泡完腳後我會稍微用精油按摩一下，按完腳全身都很放鬆、很舒服。在睡覺前做的話，會睡得特別好。碰觸自己的身體可有效降低恐懼感，也比較不會那麼容易受到過度激化，緊張的時候按摩腳尤其有幫助。

其他與自己身體接觸的好方法還有很多，散步、跳舞，或做一些舒展減壓的運動，把自己的身體鍛鍊成接近心目中理想的樣子，能讓自己心情變好的事都請務必試試看！配合身體律動，一邊呼吸一邊運動特別有效果。

「我太容易受到刺激，所以當我不想跟人接觸時，我會把時間花在運動上。我常在客廳地板上做些簡單的運動，能這樣與自己的身體建立健康的關係，浪費時間的機率將大大減少，我的手臂也越來越精實了。」

延斯（42歲）

既然擁有獨特的特質，
那就要把握享受敏感特質的機會。

方法2

別讓自己的五感受到過度刺激

刺激會從體內跟身體外部兩道路徑雙重入侵。基本上，思考或夢境是內在的刺激，你不太可能控制它。

另一方面，百分之八十的外在刺激都從視覺侵入。只要你閉上雙眼，就能把絕大部分的刺激阻絕在外。比方說搭電車的時候，或是你想關上電視但其他人都還在看的時候，閉上雙眼就是了。其他會從眼睛進入的資訊，就利用墨鏡、帽子或撐把較大的傘減少訊息的接收。

特別一提的是與他人的眼神接觸。眼神接觸會讓你接收到關於對方層層心理的許多資訊。如果對方心理失衡的話，你便會感覺很有壓力。也許你需要限制自己與人眼神接觸的時間長度。在一個認為迴避他人目光是不禮貌的文化中，要你閃避別人的注視可能不容易。但如果你能聽從雙眼的智慧，在超出忍耐極限之前閃避，會讓你保留許多能量。

建立你自己的聽覺空間

近年我發現有個避免聽覺接收過多刺激的方法，就是使用白噪音掩蓋其他聲音。我花了好一陣子才明白白噪音的好處。最初我以為身邊已經這麼多噪音了，再添加更多聲音並不是好事。後來我搬了家，廚房裡有個不斷嗡嗡作響的通風系統。本來我害怕自己無法習慣這種聲音，但很快地，我就對這個單調的聲音沒感覺了。

過了很久，有一天我在思考為什麼我喜歡待在廚房時，我突然領悟到那是因為在廚房裡我聽不到鄰居的聲音。嗡嗡嗡的通風聲音蓋掉了一切聲響。在發現這點前，我曾想過要把床搬到廚房裡。但現在我注意到，在臥室裡加一點白噪音，也可以達到同樣的效果。

現在有許多不同的白噪音應用程式可使用。我自己嘗試後，愛上了潺潺的溪水聲，每當要睡覺時就會使用，它已經成為我的生活良伴。它可以定時，即使手機設定飛航模式也不影響。我通常設定兩到三個小時，時間一到，它就會自動停止。我有時會開著窗睡覺，讓潺潺的溪水聲搭配鳥鳴，蓋過夜裡的其他聲音。

研究顯示，白噪音能幫助我們更快入睡，改善睡眠品質。你可能早就有使用耳塞或以耳機聽音樂，降低干擾的經驗。對我來說，這兩者給我的保護也是意義斐淺。雖說如此，我還是很少使用耳塞與耳機。我想盡量習慣周圍的聲音，只有在聲音令人不堪忍受時，才會從包包拿出兩者來療癒自己。

我有一首固定在演講開始前五分鐘聽的曲子。只要一聽這首曲子，我就會像開關被啟動般做好準備。思考完全集中在音樂上，除了感到安心之外，我會在內心深處與自己產生連結。但如果我忘了戴耳機，這時候聽到的對話會斷斷續續地進入我的意識，讓我注意力無法集中，也沒辦法在內心深處與自己建立連結。

高敏感族不一定有自覺去判斷刺激對自己的負擔究竟有多重，有些狀況是碰到才會發現。比方說我可以待在一家人多的咖啡店裡，但如果噪音一多，我會忍不住去在意聲音是從何而來，變得沒辦法集中精神在該做的工作上。但當我踏出室外呼吸新鮮空氣，心裡的緊張跟壓迫感瞬間解除，只是人也早已精疲力盡了。

受到過度刺激時，
離開、放空、深呼吸，解除心理壓迫感。

方法3

受到刺激時將注意力集中在內在世界

「要是一受到不舒服的刺激，就能躲進被窩裡睡大頭覺不知道該有多好？」睡覺這方法可能對某些人很有用，適合睡眠不足的人，可惜的是睡覺對阻絕過多刺激毫無效果。睡眠中，你可能會因為做夢而受到更多刺激。許多高敏感族都有就算想睡，也因為刺激過多沒法好好睡上一覺的經驗。

躺在床上並不是就讓它半夢半醒，應該平靜地坐著，盡可能什麼都不做，並在此時梳理已經進到腦部的訊息。

這段什麼都不做的時間，是為了讓自己擁有一段可以吸收養分而復原，我稱之為「心靈滋養時間」的時光。但過程中不一定都是舒適的，而且你可能要到隔天才會發現它的效果。

在這段心靈滋養時間中，並不是要你完全不能動，還是可以做些像是洗手等平常就會做的例行活動。重要的是不要將注意力發散到其他地方（感官收攝），讓意識徹底休息。盡可能不讓外在的新訊息進入腦中，並將所有能量集中到自己的內在，整理已經進到腦中的資訊。你可能會覺得自己好像什麼都沒做，但其實你的內在正快速處理許多事物。結束後煥然一新的你，心智也會更堅強。我建議高敏感族或纖細的人在面臨挑戰的前一天，試著為自己保留一小段心靈滋養時間。像在講座的前一晚我總是想辦法安靜地度過。講座開始前，我會清空腦中的「畫布」，也就是把過往的資訊澈底清除。

暫時拒絕新訊息，
幫助心智煥然一新更堅強。

方法 4

愛自己、保護自己

有時候，你會感嘆為何身邊的人總是不能了解你的心情。旁人說不定還認為「是你應該學會配合大多數人吧」。

面對這種狀況，學會支持自己很重要。如果練就了支持自己的能力，無論外界的指責如何排山倒海而來，你都能全身而退毫髮無傷。

「所有親戚都唸我怎會沒去參加爺爺奶奶的派對，真是太不像話了。但當時的我精神狀態非常緊繃，我很清楚我是因為不得已才沒去。所以我在心裡大大誇獎了自己一番。」

拉斯姆斯（32歲）

「有一天半夜，我姊打電話來罵我一頓，她指責我對媽媽不孝。要是以前的我一定難過得要命，晚上肯定會失眠。但是這次我對自己這麼說：『安娜，妳很棒！我知道妳已經盡力了，不要緊！』然後我讓自己安穩地入眠。」

安娜（49歲）

完全不理解對方究竟置身在什麼狀況，就妄加批判的人，根本不明白自己的行為有多過分。他們在自己理解的範圍內捕風捉影，更不曾嘗試思考那些與自己視角不同的觀點。當被這一類人的批評逼到絕境時，有些人想到的不是支持自己，反而是拚命在心裡責怪自己。

我的一位客戶，每次只要在諮商過程中感到緊張，她就會對自己發怒，並在心裡苛責自己「妳給我冷靜一點！」或是「放鬆一點啊！」以下是我與這位客戶的對話：

我：如果這時候緊張的是妳妹妹，妳也會對她說出一樣的話嗎？

客戶：才不會，我怎麼可能這麼想！
我：那麼，如果這時候妳要跟妹妹說話，會說些什麼？
客戶：我想我會問她「有沒有什麼是我能為妳做的，幫助妳放鬆？」

這一天我給她出的功課是讓她回家後，想像妹妹緊張的模樣寫一封充滿感情的信給妹妹。當然，這封信並沒有要給妹妹看，而是讓她在下次諮商時帶過來，請她唸給自己聽。

給蘇西：

妳有犯錯的權利，我們每個人偶爾都會犯錯。妳不是為了讓別人操心煩惱故意出錯，我知道，沒有人有資格以犯錯為由來責備妳。

妳每天小心翼翼，為了滿足旁人而努力。我相信妳已經盡力了，那就夠了！妳很棒，蘇西。

旁人不能再要求妳更多了，拍拍自己的肩膀，稍微把意識朝內感受，請明確地去感受自己真正的價值所在吧！

姊姊

客戶在我面前讀這封信時，哭了。我們可以想見她多希望有人也可以這樣告訴她。她本人也終於察覺到自己內心真正的渴求。童年時得不到的東西，她開始學會自己給自己。

犯錯時總責怪自己的人，必須從現在就開始準備預防對策。

首先，請先試著想像自己剛犯下錯誤時的內心，然後試著從客觀的距離看著自己，練習對自己說出充滿感情的話語。寫一封充滿愛的信給自己，在自己犯錯時閱讀，並把這封信隨身放在皮夾或包包裡，不小心出錯時，就把信拿出來唸。

如果覺得要對自己講些感性的話或寫信給自己很難的話，那就學學我客戶，把對象換成自己所愛的人，完成後再把名字換成自己。

改變長久以來的習慣需要時間。如果你這三十年來都一直不斷對自己說負面話語，改變也不是一朝一夕就能辦到的。它很難，所以需要時間練習。新的習慣一旦形成，舊的習慣也能慢慢戒除。

這麼做能讓你獲得能量。平常就已經被夠多人的負面評論攻擊了，如果還加上自己的，精神負擔未免也太大，這不是健康的行為，讓我們試著多肯定自己吧！

過度的精神負擔絕對有害，
學會支持自己，多多肯定自己。

方法 5

練習對自己仁慈

有些人對自己，並不怎麼仁慈。

某次諮商過程，我曾在客戶談他的童年時，問了以下的問題：「如果你心裡那個小時候的自己現在就在眼前的話，你的感覺是？」答案大部分都是「可憐的孩子」，但下一句話總是「我怎麼會這麼說呢！」

但實際上，我心裡很高興聽到客戶自己說出「好可憐」這樣的話。我把這個現象視為是一種「自戀的覺醒」。

大部分會接受心理治療的人，都是因為不夠愛自己。

請試著回想那個總是一次又一次、重複抱怨同一件事的人。那個人的問題不在過於自怨自艾，而是自戀完全沒有被滿足。

自我憐憫的背後其實隱藏了巨大的憤怒，再往內探究會發現，憤怒的背後，真正潛藏的是更大的悲傷。本人若有了接受這份悲傷的勇氣，深刻覺察到自己過去受了多大的苦，把這份感受與內在的自己連結，那麼就不再有同樣的話重複那麼多次的必要了。

有時我會要客戶自己給自己擁抱，或練習溫柔地拍拍自己的肩膀。大部分的人對這種練習都有點抗拒。但當他們真的這麼做時，他們會感受到自己有多渴望這種充滿感情的肢體碰觸，有人甚至在過程中哭了出來，哭完了心情會好很多。而他也學了一樣能在往後人生中運用的實用方法。

練習擁抱自己、拍拍自己的肩膀，
給自己一個最棒的肯定。

方法 6

練習與自己和解

所謂的「與自己和解」就是自覺對他人而言，自己是「有點麻煩的存在」，並完全接受那樣的自己。

被人當成一個麻煩製造者，肯定不是件舒服的事。對總是為自己設下高標準，小心翼翼顧慮周遭感受的高敏感族而言更是如此。高敏感族有時必須對他人提出請對方自我克制的要求，這種要求著實令人心痛。

「要我開口跟樓上鄰居說『可以請你把音量降低嗎？』真的讓我很痛苦。我堆起笑容，佯裝出很友善的樣子，但我相信任誰都應該看得出來我很火大。聽到這種噪音，我的心根本被捲入負面情緒的漩渦，藏都藏不住。還好我的鄰居相當體諒，也接受了我的請求。」

赫勒（57歲）

與自己和解是人生的必修課，不只對高敏感族來說是，對所有人亦是如此。

比方說，我們每個人在年輕的時候，都曾對自己想要過怎麼樣的人生充滿各種想像。但是等到長大才發現，人生複雜的事情何其多，每個人對自己的人生往往都深感無奈，也不得不面對現實，還可能必須放棄夢想。但這也算是人生重要的和解之一吧。這時候把你天生內建的同理心用在自己身上很重要。例如，你可以跟自己這麼說：「要是能更順利的話就太好了！」也可以這麼說：「船到橋頭自然直，總是會有辦法的！」這些話的言外之意就是：「**喜歡現在的自己，真好！**」

別吝於對自己表現同理心，
那是愛自己的表現。

方法 7

嘗試接受心理治療

高敏感族比一般人更能受惠於心理治療的效果。他們在家會認真執行治療師開的治療處方，更會把治療師說過的話銘記在心。一般而言，與高敏感族的諮商大多進行得比較順利、也比較容易看出成效。

諮商進行的過程中，如果有無法理解治療師對話內容的客戶，我會刻意縮短間隔時間。但就我的經驗，高敏感族多半在開始接受諮商後就會仔細思考與我談話的內容，所以他們其實並不需要如此頻繁前來。

不過，如果諮商進行得太過快速，反而會偶爾讓高敏感族因為衝擊太大而不敢再來。碰到這種狀況時，我會選擇重複客戶剛剛說的內容。感受性強的人在聽到我重複的內容後，會重新探討自己的內在。而有些客戶只需要我溫柔的關注，僅此而已，他們就知道該怎麼做。

每次療程開始之前，我都會先想好大概要讓雙方溝通進行到哪種程度。當諮商對象是高敏感族時，準備起來會特別棘手。

高敏感族心理治療的最終目標，大多是提高他們的自戀（愛自己）程度。高敏感族普遍自尊心低落，又總是以高標準要求自己來彌補那塊缺乏的自信，也正因為要求太高，才會遇到一而再再而三的失敗，進而對自尊心產生更負面的影響。而我們治療的目的就是要澈底斬斷這種惡性循環。

因為過度要求而一再受傷，
接受心理治療可以走出另一條路。

方法8 勇敢做自己，並為此感到喜悅

當你意識到自己是高敏感族時，身邊會發生許多變化。首先，你發現自己與他人有點不一樣，既不是那麼可怕卻也無法阻止它發生。或許，你會遇見跟你有同樣煩惱的人。

「我走路很慢，但我在心裡允許自己『用最自然的步伐走』。以前我總是為了讓自己走快一點而刻意調整步伐，但我已經跟這個習慣說再見了！雖然要花上比他人多點時間才能到目的地，但我覺得這才是對我自己身體好的方式。」

麗莎（28歲）

高敏感族雖然在某些地方比他人優秀，但面臨的困難很多也是事實。敏感氣質不是靠治療就能改變，身為高敏感族的我們必須適度地休息，我們也必須比一般人更需要好好地關愛自己。有個研究曾指出，比一般猿猴容易對刺激表現出較大反應的幼猴（敏感的猴子），若是由情緒比較不穩定的母猴養育，牠們長成成猴後通常也是狀況多多；但如果敏感的幼猴是由性格較穩定的母猴來養育，這隻幼猴在長成成猴後會成為猴群中的領導者。（Suomi，一九八七）

就算童年時的需求未曾被滿足、與父母之間的關係不穩定、也因為過去的匱乏導致你必須面對許多問題，但事實上現在的你也不會再失去些什麼了。

請記得，舊傷可以療癒，童年時匱乏的愛也能由你自己來彌補。如果能做到這些，你已經具備了接受他人的愛的最佳條件。

面對過去傷痕，
就能勇敢接受他人的愛。

結語

給高敏感族的禮物

聽到高敏感族的特徵，頻頻點頭，到終於清楚意識到自己就是高敏感族的瞬間，非常多人會流下淚來，有時候這種感受需要過一陣子才會發酵。

許多高敏感族告訴我，在得知自己是高敏感族的事實後，他們有好一段時間都有全身無力的感覺。在這之前，他們一直覺得自己「有問題」或「哪裡出錯了」，這種感覺該有多麼難受跟痛苦啊！我總覺得這種時而伴隨痛楚的覺察，在不久之後會轉化為他們生命的養分。實際上，他們也得到「做自己」的勇氣。

「自從我知道自己是高敏感族之後，儘管利用一點點午休時間也好，我會向同事說一點話。現在，我終於可以頻繁參與大家的聊天了。」

瑪雅（38歲）

在為敏感者開設的課程中，我問參加的學員從課程中獲得了什麼？我經常得到這樣的回答：「比起以前，我現在比較不會覺得都是自己的錯了。」

他們之中的大部分人，人生有一半以上的時間都以為是自己錯了，他們對自己個性所引發的問題一直擔心得不得了。

「我差點就自殺了！因為我一直覺得到哪兒都適應不良，什麼事都做不好，一點用也沒有。但就在那時有人告訴我高敏感族的特徵，我才發現自己正是如此，瞬時我有種在陽光下終於把自己看清楚的感覺。而在那之後一切都不一樣了。」

都德（52歲）

對於敏感特質我們該關注的是推廣「敏感＝正常」的概念。不是只有能在時間壓力下順利完成各種任務並在職場上發揮實力，活潑外向、精力十足的人，才叫「正常」。

當我們了解即使同一品種也存在兩種截然不同的類型，這種全新的觀點等於是給向來不喜歡與人競爭的我們最大的肯定。

我們不是只有很容易受傷，我們同時也具備了這個世界需要的多項才能。我們並不是什麼事情都做不來，我們擁有人類生存不可或缺的資質。

透過新的思維，具備敏感纖細特質的人，終於不必再當二等公民。你可以拒絕去電影院看恐怖片、你也可以光明正大地以不想接受過度刺激為由，婉拒必須出門一整天的邀約，提前從聚會中離席也不要緊！

「我現在終於明白，為什麼我的人生會這樣，為什麼我會這麼想。我知道自己只是敏感而已，不代表我脆弱或腦子有問題，我終於放下心中的石頭了。了解自己的敏感特質讓我知道所有事物都有它正確的歸屬，我的心靈獲得了極大的自由。現在就算有時我得拒絕別人，但我再也不會有罪惡感，我比以前更得心應手了。」

麗榭（30歲）

過往，高敏感族必須想一大堆藉口勉強自己做非出自本人意願的事，但現在你可以坦白、光明正大地說，這大大釋放了許多高敏感族的心。

不管對高敏感族或是其他敏感纖細的人來說都一樣，敏感不是你的錯，**敏感讓你的人格更加豐富**。

「我讀了許多介紹高敏感族的相關書籍，我開始理解自己有時必須對於他人辨得到的事情，或周遭對我的期待說出『不』的理由。我再也不為拒絕找藉口，我終於能毫不隱瞞地說出『因為我會受到過度刺激，我必須要休息』。」

蘇珊娜（35歲）

致謝

感謝我的心理治療師班・法洛克。我非常高興這麼多年以來，能在各式各樣的場合聽他說話，他幫助我察覺自己甚至不曾意識到的另外一面。我也從尼爾・歐夫麥雅及格式塔分析研究所獲益良多，我長年在此接受培訓並參與各種形式交流的相關實驗。此外，我也從心理學家彼得・史多亞格身上得到諸多啟發，他告誡我心理學研究與時俱進的重要性，並對我演繹了認知行為療法的可能性。

最後，我想對與我以治療師身分對談的所有敏感朋友，還有所有來上我的課程的人表達感謝，特別是願意在書中撰文分享親身經驗的朋友，謝謝你們的分享。

參考文獻

- 《高敏感族自在心法：你並不孤獨，只是與眾不同》伊蓮・艾融　講談社（二〇〇〇年）（台灣由生命潛能出版）
- 《孩子，你的敏感我都懂》伊蓮・艾融　一萬年堂出版（二〇一五年）（台灣由遠流出版）
- 《我與汝》馬丁・布伯　美鈴書房（一九七八年）
- 《安靜，就是力量：內向者如何發揮積極的力量！》蘇珊・坎恩　講談社（二〇一三年）（台灣由遠流出版）
- 《心理類型》（暫譯）卡爾・榮格　美鈴書房（一九八七年）
- 《生命的禮物：給心理治療師的85則備忘錄》歐文・亞隆　白揚社（二〇〇七年）（台灣由心靈工坊出版）
- 《給太纖細不好過的你，三十六個幸福的祕訣》（暫譯）泰德・澤夫　講談社（二〇〇七年）

丹麥語參考文獻

- Aron, Elaine: Særligt sensitive og kærligheden. Borgen 2015
- Delskov, Athina og Sonne, Lene: Sensitive børn. Aronsen 2014
- Falk, Bent: At være der, hvor du er. Nyt Nordisk Forlag Arnold Busk 1996
- Falk, Bent: Kærlighedens pris I & II. Anis 2005
- Falk, Bent: I virkeligheden. Anis 2006
- Grønkjær, Preben: Forståelse fremmer samtalen. Gyldendal 2004
- Hart, Susan: Den følsomme hjerne. Reitzel 2009
- Hougaard, Esben: Kognitiv behandling af panikangst og socialfobi. Dansk Psykologisk Forlag 2006
- Karterud, Sigmund; Wilberg, Theresa & Urnes, Øyvind: Personlighedspsykiatri. Akademisk forlag 1013
- Laney, Marti Olsen: Fordelen ved at være indadvendt. Borgen2004
- Møberg, Susanne: Mindfulness for særligt sensitive mennesker. Møberg 2010

- Rosenberg, Marshall B.: Ikkevoldelig kommunikation, Girafsprog. Borgen 2005
- Sand, Ilse: Værktøj til hjælpsomme sjæle - især for særligt sensitive, som hjælper professionelteller privat. Ammentorp 2014
- Sand, Ilse: Kom nærmere - om kærlighed og selvbeskyttelse. Ammentorp 2013
- Sand, Ilse: Find nye veje i følelsernes labyrint. Ammentorp 2011
- Toustrup, Jørn: Autentisk nærvær i psykoterapi og i livet. Dansk Psykologisk Forlag 2006

英語・德語參考文獻

- Aron, Elaine: The Highly Sensitive Person's Workbook. 2001, Broadway Books
- Boyce, W.T., Chesny,M., Alkon,A, Tschann, J.M., Adams,S., Chestermann, B.; Cohen,F., Kaiser,P.;Folkmann, S., and Wara, D. (1995). Psychobiologic reactivity to stress and childhood respiratory illness: Results of two prospective studies. Psychosomatic Medicine, 57
- Jaeger, Barrie: Making Work Work for the highly sensitive person. McGraw-Hill books 2004

- Jung, C.G.: Vesuch Einer Darstellung Der Psychoanalytischen Theorie. 1955 by Rascher & Cie. AG., Zürich
- Kagan, Jerome & Snidman, Nancy: The Long Shadow of Temperament.Belknap Press of Harvard University Press, 2004
- Kochanska, G., & Thompson, R.A. (1998). The emergence and development of conscience intoodlerhood and early Childhood. In J. E. Grusec & L. Kuczynski (Eds.). Handbook and parenting and the transmission of values. New York: Wiley
- LaGasse, L., C. Gruber, and L. P. Lipsitt. 1989. The Infantile expression of avidity in relation to later assessments. University of Chicago Press.
- Suomi, S. J. (1987). Genetic and maternal contributions to individual differences in rhesus monkey biobehavioral development. In N.A. Krasnegor, E.M.Blass. M.A. Hofer, & W.P. Smotherman (Eds, perinatal development: A Psychobiological perspektive. New York Akademic Press.

給高敏感族的好點子清單

為高敏感族與纖細敏感的人帶來喜悅與身心健康

可以給你啟發的活動

- 讀書。
- 聽廣播。
- 看戲劇表演。
- 聽演唱會或音樂會。
- 聽演講。
- 閱讀賜予智慧的語錄，做哲學性的思考。

可以給你外向能量的活動

- 與人共度充實的時光（例如：幫彼此按摩、共享內在的體驗、不需言語也能感覺到彼此的存在）
- 跟小孩子一起玩。

受到過度刺激時推薦做的活動（這些活動會讓你身體感覺舒服）

- 伸展身體的方法很多，不妨找個影片跟著做、放鬆。

- 瑜伽、彼拉提斯或溫和的度運動。
- 若上課讓你提不起勁，可以看影片或包含各類運動的應用程式跟著做。
- 慢跑、重量訓練、飛輪或水上運動。
- 跳舞。
- 在家裡播放音樂，任身體隨同內在慾望自然擺動（這也是種不錯的運動）
- 泡熱水澡或泡腳。
- 幫自己做臉部、手部、足部跟身體按摩（點上蠟燭，一邊聽音樂一邊做更好）

貼近大自然（利用生活空間種植植物，享受觀察植物成長的樂趣）

- 登山健行。
- 在美麗的大自然中野餐（對高敏感族來說，與其跟一堆陌生人擠在餐廳裡，還不如外帶食物去公園或在海邊野餐）
- 在有蟲鳴鳥叫、流水或波浪聲響的大自然中，靜坐冥想或躺下來小睡片刻。
- 冬天時帶著睡袋、墊子跟裝著熱飲的水壺往大自然裡去。
- 躺在吊床上仰望藍天或樹梢。

- 乘坐皮筏。
- 撐傘在雨中散步，聽著打在傘上的雨滴聲響，品味因為下雨而增強的自然香氣。

激發創意

- 綁一束花。
- 捏陶。
- 畫畫。
- 雕刻。

展現自我

- 播放音樂或唱歌。
- 寫書、詩、信或日記。
- 找一張所愛的人的照片（例如已故的親人），告訴他們你最近的感受和正在關注的事。
- 唸一段禱文。
- 多展現笑容。
- 重看一部電影的好結局，或是會讓你開心的喜劇片片段。
- 打電話給可以開玩笑、一起大笑的朋友。

取悅自己的五感

- 為自己買束花，點上喜愛的精油。
- 為自己做頓美味的飯，好好享用。
- 欣賞藝術展覽。
- 聽音樂。
- 把環境打掃乾淨，鋪上美麗的桌巾，讓自己心情愉悅。
- 光著腳在溫暖的泥土或沙上漫步。
- 曬太陽做日光浴。

讓心靈穩定的活動

- 冥想。
- 正念練習或做瑜伽。
- 伸展運動。
- 把心放空。
- 盡情思考與幻想。
- 找個視野好的地方，在那裡待著，靜靜地思考。

享受與動物的相處

- 跟貓咪一起玩。
- 撫摸動物。
- 去水族館。
- 餵鳥。
- 遛狗。

國家圖書館出版品預行編目資料

【暢銷經典版】高敏感是種天賦 / 伊麗絲 . 桑德 (Ilse Sand) 作 . -- 二版 . -- 臺北市：三采文化，2024.07
面； 公分 . -- (Mind map)
ISBN 978-626-358-455-6(平裝)

1. 氣質 2. 生活指導

173.73 106008367

suncolor 三采文化

Mind Map 270

【暢銷經典版】高敏感是種天賦

作者｜伊麗絲・桑德 (Ilse Sand)　譯者｜呂盈璇
專案主編｜黃迺淳　校對｜黃薇霓
美術主編｜藍秀婷　封面設計｜方曉君　內頁排版｜陳佩君
行銷協理｜張育珊

發行人｜張輝明　總編輯長｜曾雅青　發行所｜三采文化股份有限公司
地址｜台北市內湖區瑞光路 513 巷 33 號 8 樓
傳訊｜TEL:8797-1234　FAX:8797-1688　網址｜www.suncolor.com.tw
郵政劃撥｜帳號：14319060　戶名：三采文化股份有限公司
本版發行｜2024 年 7 月 31 日　定價｜NT$400